Un zeste de pardon

Coco Lagrogne

Un zeste de pardon

ISBN : 979-10-377-9240-2

À mes enfants, qui ont été le fil conducteur de ma vie.
À tous les enfants du monde qui continuent de subir l'immonde.

Avant-propos

Je ne savais pas que j'allais écrire un livre. L'écriture était au départ, un moyen d'extérioriser la lourdeur de mes états d'âme. Ce besoin d'immortaliser mon vécu pour mieux me l'approprier. Je me suis raconté mon histoire, conservant la plupart de mes manuscrits dans une pochette. Quelque chose me disait de ne pas les jeter. Alors, je les gardais en couveuse et retournais les voir de temps en temps. C'est à force d'accumuler un certain nombre de pages que m'est venue l'idée de réunir les pièces du puzzle pour rédiger un recueil. Ce n'est cependant pas évident de replonger dans un passé tourmenté. Certains passages me remuent encore quand je me relis…

J'aurais pu garder secrets tous ces écrits, car ce n'est pas chose facile que de parler de son intimité et de l'exposer en plein jour. Je n'ai pas une volonté d'exhibitionniste, mais j'ai conscience que mon récit, par son caractère privé, est teinté du goût du danger qu'il y a à se dire dans les émotions les plus profondes.

J'y ai beaucoup réfléchi, pesé le pour et le contre, mais en fait, ce livre, je ne l'ai pas écrit que pour moi.

Ce récit se veut davantage une transmission sur la voie de l'espoir plutôt qu'un accusatoire.

Je m'adresse aux victimes et à leurs proches pour partager une méthode qui m'a permis de connaître une sorte de résilience. La verbalisation est une approche thérapeutique très efficace. Je crois au pouvoir des mots, du son et des vibrations, allant même jusqu'à penser que ces ingrédients, sans oublier l'eau et la lumière, sont présents dans la recette du secret de la création. Je ne peux m'empêcher d'ajouter que, selon les écritures sacrées, au commencement était le verbe. Dieu a dit…

Poussée par le désir de briser le silence et de partager mon expérience, je veux aider et soutenir les personnes qui se sentent concernées par le sujet. Pour les autres, s'ils me lisent aussi, ils seront peut-être éclairés sur ce que peut éprouver une victime pour le reste de ses jours. Apprendre à vivre avec, notre corps n'efface jamais les cicatrices. L'acte en lui-même s'inscrit et tout un fonctionnement affectif se dérègle.

Il est de ces douleurs que l'on n'éteint jamais, on peut cependant les apprivoiser. C'est ce que je tente d'expliquer par ce témoignage.

En moyenne, une personne ayant subi des violences sexuelles dans l'enfance commence à libérer la parole à l'âge de 42 ans quand les faits ont eu lieu vers l'âge de neuf ans. Culpabilité, honte et déni sont les raisons principales pour lesquelles une victime ne parle pas. Or, on sait que ce sont les mots qui réparent les maux, c'est donc une double peine pour la victime. La triple peine arrive plus tard, quand le mal déteint sur les générations futures…

Lorsque l'on ne peut ni parler, ni crier, ni s'exprimer, il y a l'écriture. Dieu merci, j'ai décidé d'écrire.

Prendre un stylo, et jeter l'encre sur une feuille blanche m'a permis de déverser le flot de ma peine. L'encre, c'est la sève de l'âme et cela m'a fait un bien fou que de saigner et vider un œdème invisible. Invisible, comme un fantôme. En écrivant, je brise ainsi le silence ; le mien, mais aussi celui des autres victimes et lève le tabou sur un sujet qui dérange : l'inceste. Il n'y a pas de honte à avoir été victime et pourtant, c'est une pensée qui demeure enfouie dans l'inconscient collectif. Aujourd'hui, on ne peut toujours pas en parler librement. Malheureusement, tout ce qui ne s'exprime pas s'imprime.

Si un jour, vous croisez la route d'un enfant qui se confie à vous, je vous en prie, ne passez pas votre chemin. Si vous vous taisez, sachez que vous êtes en train de protéger un criminel qui pourra faire encore d'autres victimes. L'enfant, lui, devra vivre avec ça pour le restant de sa vie. Il n'y a pas de sursis pour les victimes. Elles prennent perpétuité.

Rendez-vous avec le temps (2005)

J'attendais devant la gare, ma valise et la tête pleine de rêves, mais l'accueil qu'il me réserva fut loin de répondre à mes attentes.

Je pensais qu'à la descente du train, il serait là, sur le quai, à m'attendre, souriant tout en me regardant m'approcher…

Il ne m'avait pas prévenu qu'il viendrait dans une voiture auto-école, mais quand je vis le passager du véhicule me faire signe, je devinais que c'était lui… moniteur d'auto-école depuis trois mois, Diego était en plein travail à ma descente du train…

Il me regardait avancer, je me suis approchée. J'avais presque oublié ses yeux marron - noisette, tirant sur un vert très lumineux. Quelle douceur de retrouver son premier amour au bout de vingt ans !

Sans descendre de sa voiture, il m'ordonna de poser ma valise dans le coffre. Je le retrouvais bien tel que je le connaissais. Fuyant, distant… Je me laissais encore une fois porter par les événements et m'apprêtais à prendre place dans cette voiture, derrière cette femme inconnue à qui il donnait une leçon de conduite.

Nos regards se sont croisés…

— Monte !

Un nouveau départ (1989)

C'est avec ma fiat 127 chargée à bloc que nous quittions la terre de mon enfance. C'est moi qui conduis, Max est à mes côtés et mon frère Tanguy, à l'arrière, bloqué entre les cartons. Il ne dit rien, mais nous échangeons des regards à travers le rétroviseur : depuis peu, il se tisse enfin entre nous de vrais liens de fraternité. Je suis devenue sa grande sœur protectrice. Aussi loin que je me souvienne, enfants, nous nous bagarrions souvent. Tout s'est inversé à la séparation de mes parents lorsque nous sommes devenus complices pour les bêtises. Le lien familial s'est alors resserré sur la fratrie. Depuis, Tanguy, Margot et moi formons une équipe de choc, un bloc qui se soude à chaque fois un peu plus, dans les joies comme dans les coups durs. Grand et fin, les cheveux en bataille, Tanguy a le cœur sur la main. Ses yeux sombres, qu'encadrent de longs cils, disent sa sensibilité, tandis que ses mains noueuses et sèches traduisent un caractère nerveux et inquiet.

Margot lui ressemble physiquement en version féminine. Typée à l'italienne, chacun de ses gestes est accompagné d'une énergie dynamique et légère à la fois. Petite, menue, ses cheveux couleur ébène ondulent au gré du vent et lui ajoutent un charme à la fois sensuel et sauvage. Cette chevelure qui descend jusqu'en bas du dos exprime le poids d'un passé abîmé dont elle ne peut se séparer. Je suis la seule à le savoir. Ses yeux verts sont posés sur une mer immobile, tandis que sa voix se fait tantôt brise d'été, tantôt se craquelle comme une plaque de givre.

Je suis l'aînée, et je ressemble un peu à l'un et à l'autre. De mon frère, j'ai la chevelure, épaisse et insoumise, elle tombait en boucles folles jusqu'à ma ceinture quand j'étais enfant. De ma sœur, j'ai le regard, mais si mes yeux sont verts comme les siens, ils sont plus sombres, parfois même un peu fauves.

C'est pour fonder une famille que Max et moi voulons partir. Je regarde ses mains qui révèlent une grande sensibilité et je me répète que c'est lui que j'ai choisi. Je l'ai rencontré à l'âge de dix-neuf ans. Il est entré dans ma vie un soir avec un copain et m'a fait rire toute la soirée. Le lendemain, il est revenu tout seul, en me prévenant que les autres allaient arriver… Tant pis s'ils ne sont jamais revenus, car nous avons beaucoup parlé. Il m'a demandé s'il pouvait dormir là et je lui ai proposé mon canapé. Le surlendemain, à mon retour du travail, il était déjà devant ma porte, il m'attendait. Je me suis laissé séduire par ce personnage un peu fou, un peu flou… Cet homme grand et costaud allait me protéger, dans ses bras, je ne craindrais plus rien. Il est venu habiter avec moi, a amené ses affaires et sa musique. Puis, tout s'est enchaîné. Mon père, qui payait le loyer, nous a mené la vie dure. Max avait depuis longtemps envie de quitter la région.

Me voici donc partie avec mon prince charmant. J'ai tout quitté, mon boulot, mes projets d'avenir, ma famille. J'ai tout quitté. Aujourd'hui, je regrette de m'être privée de mes grands-parents. Si j'étais restée, ils auraient appris à connaître mes enfants.

Il faut s'arrêter souvent pour alimenter le moteur en eau. Ma petite voiture donne des signes de fatigue, mais nous touchons finalement le but de notre voyage, le camping des Pins. Une fois passée la barrière, nous tombons en panne, le long d'une allée de lauriers roses, sous le ciel rougeoyant de la fin d'une journée d'été. J'y vois comme un signe bienveillant de l'univers, mais je le garde pour moi. C'est le mois de juin, le mois des cigales et des vacanciers. Ma mère vit ici dans un mobile home, avec son ami et, tandis qu'elle nous accueille, les mouettes tournoient dans le ciel en poussant des cris stridents. Nous nous installons, au milieu des oliviers, à dix minutes de la plage. La chaleur du soleil sur ma peau, l'odeur iodée de la mer, sont une invitation au plaisir. Je suis ravie de cette nouvelle vie qui commence.

Après quelques mois, nous trouvons du travail et un petit appartement dans un village, au beau milieu des vignes et des oliviers. C'est presque un hameau, qui apparaît au détour d'une colline, entre une allée de platanes. Serrées les unes contre les autres, les maisons semblent parfois s'évanouir sous l'effet de la chaleur, lorsqu'on les observe depuis la route. Je parcours souvent ces chemins de terre qui se perdent dans la campagne, le bruit de mes pas n'est troublé que par le chant des cigales et celui des oiseaux, qui s'appellent et se répondent en concert. Ces marches solitaires m'aident à réfléchir. Tout va bien, mais ce n'est qu'une apparence. Le caractère de Max se dévoile peu à peu. Impulsifs, pas de patience, nous nous accrochons pour des riens. Je n'ai pas confiance. Je le provoque un jour. Après une dispute, nous nous en prenons aux assiettes, qu'il casse l'une après l'autre. Ma foi ! Je lui en passe d'autres, pour qu'il continue. Ses yeux se voilent d'une menace sourde et je reçois son soufflet. Je lui trouve toujours une excuse. Il y a forcément une raison, un sens caché derrière les choses. L'être humain ne peut pas être tout bon ou tout mauvais. Nous avons clairement un problème de communication. Je sens cependant monter une inquiétude nouvelle, comme provoquée par le rythme de ses pas réveillant en moi une sourde menace… Cette sensation me force à me refermer sur moi-même. Nos regards autrefois si doux deviennent lourds. La tristesse s'installe dans ma tête. J'ai le sentiment d'oublier qui je suis, de m'effacer lentement et sûrement. Souvent, je fais ma valise, mais je ne pars jamais bien loin. Où irais-je à part sur ces sentiers caillouteux sombres qui s'ouvrent en moi ? Je les explore chaque jour un peu plus, comme s'ils pouvaient me donner une clé, m'apprendre qui je suis. Je pleure en silence. La nostalgie dans laquelle je me réfugie fait ressurgir devant moi l'image de Diego. La douleur est d'autant plus forte que je sais, au fond de moi-même, que j'ai perdu cet homme à jamais en quittant ma région d'origine. Penser à mon premier amour berce mon quotidien. Les illusions me protègent de la réalité, sûrement trop cruelle… Mon passé n'est pas réparé.

Le lien avec Max évolue, mais ne se rompt pas. Je tire pourtant sur la corde, en le trompant un soir, avec le premier coq venu. Alors, je rentre tard et je dis tout dès mon retour. Dans ses yeux, je lis la douleur et la tristesse d'un homme blessé. Il détourne le regard et ne dit mot. La peine et la souffrance que je cause à Max ce soir-là me retiennent de partir, de mettre fin à une relation où l'amour se fane et s'étiole. Et, peu à peu, un sentiment nouveau se fait jour entre nous, fait d'habitude et d'une sorte d'amitié. J'ai toujours eu pour Max une grande estime, c'est un être qui peut faire preuve d'une réelle compassion pour autrui. Au travail, il sait se montrer très proche des malades. À la clinique où nous travaillons tous les deux, il s'investit auprès des patients pour soulager leurs souffrances. Cette empathie me touche et j'apprends à son contact. Il connaît bien la maladie, pour l'avoir vécue lui-même. Les années de cure loin des siens l'ont rendu étranger à toute vie de famille. Victime d'asthme sévère, le souffle lui manquait. Il a dû voir la mort plus d'une fois, alors, il vit à cent à l'heure.

Max et moi avons un point en commun : ce curieux sentiment de culpabilité qui étreint la victime lorsqu'elle se tait trop longtemps.

Nous poursuivons cette vie commune, où l'on s'entraide mutuellement dans le quotidien. Je ne peux pourtant empêcher mon malaise de s'installer et de s'étendre, tout au fond de moi. Ce sentiment qui vient contaminer progressivement mes rapports aux autres. Les autres, comme les potes de Max, venus en vacances. Des séjours qui se prolongent des mois, pour certains d'entre eux. Je me retrouve à laver leurs vêtements, chaussettes et caleçons compris. Et lorsque je me lève le matin, je me fraye un passage au milieu des cendriers et des cannettes de bière. Max part souvent en vadrouille avec ses amis, comme pour continuer sa jeunesse. Je me laisse peu à peu envahir par cette vie où je n'arrive pas à me faire entendre, et me perds dans mes lectures où je cherche une raison, une clé, n'importe quoi. Je ne me sens pas comme tout le monde, je n'entre pas dans la ronde…

Lorsque j'exprime mon désaccord à Max, il hausse le ton et n'hésite pas à m'humilier en public. Je tombe au fond de cet engrenage. Je me sens rabaissée, je vaux si peu. Plus aucune estime de moi-même…

Très vite, je ressens le besoin de materner. Avoir de l'importance aux yeux de quelqu'un devient une véritable bouée de survie dans ce monde où je me noie peu à peu. Rose est arrivée, petite boule de chair surmontée d'une touffe de cheveux soyeux, alors que nous étions ensemble depuis deux ans. Je me souviens de l'angoisse qui était la mienne pendant ma grossesse. Je me suis mise à lire tout ce qui traitait du thème de l'éducation en passant par la psychologie, la philosophie et aussi la spiritualité. Sûrement un moyen pour chasser les fantômes de mon passé. J'ai toujours voulu être une bonne mère, ne pas reproduire les erreurs de mes parents. Je sais bien aussi qu'en même temps, je n'ai pas beaucoup de données pour faire autrement. Si je sais ce que je ne veux pas faire, je ne cerne pour autant pas très bien comment faire. Me voilà maman, pleine de peurs et aucune confiance en moi. Je pense que Max manque de maturité. Je me sens très seule. Il travaille beaucoup et consacre une grande partie de son temps à ses potes. Je me retrouve constamment isolée avec mon bébé, dont le corps tout chaud lové contre moi dit la confiance et la sérénité. Mon bébé chéri, je cherche au fond des livres ce que je ne puis trouver dans la vie. Je cherche le sens de l'existence, les repères qui me manquent, dans ce monde où je me demande quelle est la place du père et comment trouver Dieu.

Un soir, je propose un programme à la télévision, et nous voilà, Max et moi, assis sur le canapé du salon. Il se fait une place au milieu de mes livres. Ses grandes jambes s'étirent sous la table basse. Ses doigts jouent avec la télécommande. Moi, je m'installe au milieu des coussins, l'oreille aux aguets, car Rose vient tout juste de s'endormir. Je tiens à voir ce film. Sans mot dire, j'écoute la colère de cet homme assis à côté de moi, qui se déchaîne contre le sujet du film : l'inceste.

Après l'émission, se tient un débat avec des spécialistes, dont je suis curieuse d'écouter l'avis. Max veut zapper. Alors, je le coupe en lui disant le plus naturellement du monde que ce sujet m'intéresse de très près. Il me regarde avec sérieux. J'ai peur que lui non plus ne me croie pas.

Je me souviens avoir pourtant essayé d'en parler à des personnes de confiance. À quinze ans, j'en ai parlé à ma mère un soir, elle n'a rien voulu entendre, se contentant de se lamenter sur son propre sort.

Je l'ai dit à ma grand-mère, qui est la mère de mon père. Sa réponse a été fracassante : « Il ne faut jamais dire de telles choses. C'est très grave ce que tu dis. Il ne faut pas le dire, pas le dire, pas le dire… » Ces mots résonnent encore à mes oreilles, comme si j'en étais folle.

J'en ai parlé à une amie. Elle ne m'a pas cru, a répandu des commérages sur mon compte, me qualifiant de mythomane. Je me suis retrouvée seule, sans amis, avec pour seule compagne, mon âme qui, elle, savait que je disais vrai.

J'en avais conclu que parler de telles choses était pire encore que le mal. J'avais alors décidé de garder le silence, me disant que je m'en sortirais peut-être quand même…

C'est dit, et à ma grande surprise, Max ne doute pas un seul instant de mes propos. Nous parlons longtemps. Je pleure sur mon passé pour la première fois de ma vie.

Jamais je n'oublierai l'attitude de Max envers moi ce soir-là. Je me suis enfin sentie entendue, soutenue et considérée. Il sait que je ne mens pas et partage mon chagrin. Je ne suis plus seule. À travers son regard, je comprends alors ces événements qui ont marqué ma vie. Le traumatisme se fait jour, et l'indignation de Max me fait entrevoir le caractère ignoble des gestes de mon père. Cette révolte me fait l'effet d'un volcan que l'on réveillerait après un long sommeil. J'avais fini par banaliser la situation, le mal s'était endormi imperceptiblement. Pourtant, ce qui s'était passé était très grave. Je le vois bien maintenant. Cet engourdissement était tout simplement un réflexe pour survivre malgré tout. Cette émission, ces confidences, précipitent mes souvenirs, tout se reconnecte, la lumière se fait enfin. L'ignobilité des faits m'est révélée. Une sorte de connexion à la pleine conscience vient de se produire.

Cette soirée et ces aveux n'ont pourtant pas que des effets positifs. Le regard de Max sur moi, mais surtout sur ma famille, s'en trouve modifié. Mes parents deviennent à ses yeux des pestiférés et il profère à leur égard des tas d'accusations, qui provoquent en moi une sensation de malaise. Ses remarques se portent à m'ouvrir les yeux rapidement sur ma mère. Comment ! Elle était là, elle n'a rien vu ! Pourtant, elle a dû forcément voir ce qu'il se passait ! Alors, l'avis de ma mère ne me paraît plus aussi juste qu'avant et j'évite ses conseils. En fin de compte, le jugement que Max porte sur cette affaire m'embarrasse. Ne s'égare-t-il pas de la réalité ? Mais je lui suis aussi redevable de m'avoir écoutée, de m'avoir enfin crue. Il est celui qui m'a aidée à mettre des mots sur mon mal de vivre. Cependant, au fil du temps, une autre réalité se fait jour, insidieuse : cette histoire, mon histoire, devient peu à peu une arme entre les mains de Max. Il utilise mon passé cabossé lors de nos disputes, pour rejeter la faute sur moi. Vu la famille que j'ai, le problème vient évidemment de moi. Tout ce que j'ai pu lui confier devient alors un argument pour se défausser. Ma confiance trahie, je sombre à nouveau et m'enfonce de plus en plus dans le déni de moi-même, où le suicide devient une solution possible.

Pourquoi tiendrais-je encore à Max ? Ce qui me rassure en lui, c'est sa carrure, son côté « nounours ». Ce besoin du protecteur et, du haut de son mètre quatre-vingt-cinq et de ses quatre-vingt-dix kilos, il fait très bien l'affaire. Ce que je cherche en lui, c'est peut-être ce père que j'aurais aimé avoir, ce grand frère qui m'a tant fait défaut. Je suis toujours cette petite fille qui souffre. Je ne me sens pas vraiment femme. Je sens bien que je ne l'aime pas comme il le voudrait. Je le fais souffrir, mais c'est indépendant de ma volonté. Sexuellement, c'est un désastre. Je n'ai pas de désir et cela le rend d'autant plus fou que je suis volontiers séductrice et charmeuse. Être allumeuse, ce cadeau empoisonné que m'a laissé mon père puisqu'il n'a pas respecté les limites. Tous les hommes pouvaient tomber sous mon charme, puisque mon père, lui-même, y avait succombé.

Le temps passe, Rose grandit et embellit. Elle a de magnifiques cheveux blonds tout bouclés et ses yeux pétillent lorsque je la gâte. Elle est ma poupée, notre petite princesse, tout le monde l'admire. Un petit frère arrive pour ses quatre ans, il s'appelle Tony. C'est davantage mon choix que celui de Max, mais nous sommes tous les deux heureux d'avoir un fils. Rose, quant à elle, a du mal à accepter ce rival. J'ai si peur qu'elle soit jalouse que je ne sais plus comment la prendre ni comment l'écouter. Du reste, avoir un fils change ma perception du monde, je suis transformée par ce petit être. Ses yeux d'un bleu si clair sont comme une promesse. Ils me laissent entrevoir une nouvelle vie, où je pourrai enfin faire la paix avec les hommes, en sculptant celui-ci à ma manière. Je décide d'apprendre à mon fils ce que c'est que d'être « un homme bien », car je veux casser cette chaîne maudite et mettre un terme au mauvais sort qui me poursuit. Ce défi que je me lance me rend heureuse et me redonne espoir.

J'ai le sentiment de porter le monde : Rose, le bébé, Max, la maison… Max travaille beaucoup sur son projet de création d'entreprise dans le domaine du bâtiment et, tout en étant toujours aussi peu disponible, il me sollicite beaucoup pour le côté administratif qui l'embarrasse. Notre relation reste instable. Je cherche à faire de mon mieux, je m'essouffle et suis épuisée par l'impossibilité de me faire entendre. Trop sollicitée par tous, je n'ai pas une minute à moi, alors que je sens bien que derrière tout cela, il y a cette femme que je suis en train de devenir.

Un jour, nous prenons le train pour nous rendre dans la famille de Max. Son père se remarie, nous avons décidé d'y aller tous les quatre. Ma mère est revenue habiter la région depuis qu'elle a rencontré un nouveau compagnon. Elle nous héberge et nous prête sa voiture pour le week-end, afin que nous puissions nous déplacer aisément. Les festivités du mariage sont pour nous, l'occasion de boire plus que de raison. Le malaise environnant est palpable, je sens l'ambiance se dégrader.

Soudain, Max demande que l'on monte le son de la musique. Son père, marquant son autorité, lui oppose un refus que Max n'accepte pas. Il se lève de table puis se tourne vers moi pour me dire que l'on s'en va. Je le rejoins dehors pour le raisonner et lui demander d'éviter ce scandale qui n'échappe à personne et me gêne beaucoup. Rien n'y fait, il est très en colère.

J'accepte finalement de partir. Déçue, je vais quand même voir un de ses frères pour expliquer et excuser notre départ. Il me semble d'ailleurs qu'il pourrait peut-être au moins essayer de calmer Max, mais il me laisse me débrouiller. C'est sympa, merci bien, bonne fin de soirée ! Ni Rose ni Tony ne comprennent rien à toute cette histoire, ni pourquoi nous partons avant le dessert… Nous disparaissons vers la nuit noire.

Dans la voiture, Max ne se calme pas, au contraire. Il continue à donner libre cours à sa colère. Cela ne lui plaît pas que j'exprime une opinion différente de la sienne, il tape dans le pare-brise, qui se casse. Que vais-je dire à ma mère ? Les enfants pleurent dans la voiture. Max veut que je m'arrête, nous sommes en pleine campagne, je m'y oppose. Max empoigne alors le frein à main et donne un coup sec. La voiture effectue un tête-à-queue avant de s'immobiliser au milieu de la route. Il fait nuit, on distingue à peine les ombres des arbres alentour et, dans le calme qui revient peu à peu, on entend le chant des grillons et le cri des grenouilles.

Max profite de cet arrêt forcé pour s'extirper hors de la voiture, il veut s'en aller. Je redémarre. Rose s'inquiète pour son papa que l'on a laissé au milieu de nulle part. J'explique à ma fille qu'il finira bien par se débrouiller, celle-ci semble cependant inconsolable. Aussi, je fais demi-tour pour revenir le chercher. Debout au bord de la route, Max m'attend. Il remonte en voiture et nous rentrons chez ma mère sans échanger le moindre mot. Mon cerveau turbine à cent à l'heure.

Je sais que nous sommes passés à deux doigts de l'accident.

Que vais-je dire pour le pare-brise ?

Le lendemain matin, il n'est nul besoin de raconter je ne sais quel mensonge. Attablée devant un café, mes larmes parlent d'elles-mêmes. Ma mère me demande si j'ai l'intention d'être malheureuse toute ma vie. Je comprends alors qu'elle peut se montrer attentive à mon égard. Elle pense que je suis une femme battue et ça la fait réagir. Pourquoi alors n'a-t-elle pas réagi auparavant ? Être battue lui paraît-il plus grave qu'être violée ? Ses yeux dans les miens attendent une réponse et je prends ainsi ma décision, celle de quitter Max…

Mes mondes parallèles (1997)

En me confiant à elle ce jour-là, je sais qu'elle ne m'aidera pas à faire en sorte que mes problèmes de couple s'arrangent. Ma mère me propose de revenir en vacances un mois plus tard, lors des congés d'été, afin de me permettre de réfléchir. Cette occasion me semble intéressante pour marquer un éloignement entre Max et moi. Nous avons chacun, besoin de reprendre nos esprits.

Me voilà donc vers un retour aux sources pour quelques semaines. Ce séjour me permet d'en profiter pour retrouver ma sœur que je n'ai pas revue depuis presque deux ans à cause de la distance géographique. Elle n'a jamais quitté notre région natale et habite à deux pas de chez ma mère. Avec le frère de Max, elle est mariée depuis deux ans, maman depuis un an d'une petite Camille. On va pouvoir savourer des instants ensemble et partager ainsi des moments de joie avec les enfants.

Les après-midis sont organisés chez elle puisqu'elle habite une maison avec jardin. Croyant la trouver dans une petite vie tranquille et bien rangée, je réalise peu à peu que ce n'est qu'une apparence. Ses joues sont étrangement creuses et ses yeux ne pétillent pas quand elle me sourit. On dirait même qu'elle me cache quelque chose, car son regard est fuyant quand elle sent le mien qui lit dans son âme. Quelque chose ne va pas. Pour la connaître très bien, je sens qu'elle n'est pas heureuse. Est-elle vraiment épanouie avec Franck qui travaille toute la semaine en déplacements ? Je me suis toujours interrogée sur cette union qui est née par le biais des liens que j'ai avec Max. Quand deux frères s'unissent avec les deux sœurs, on pourrait y trouver un côté original et amusant, mais je me demande s'il n'y a pas un sens caché derrière cette démarche.

Où est passée cette belle femme qu'est ma sœur ? Je la revois encore, il n'y a pas si longtemps s'élancer vers l'avenir avec assurance. D'une élégance raffinée, elle aimait, lors de son adulescence, s'habiller avec classe. Autonome financièrement, elle travaillait comme vendeuse et paraissait épanouie au début de sa vie de jeune femme. D'un tempérament naturel, elle a toujours fait preuve d'humour et de dérision lors de l'enfance. C'est souvent elle qui faisait le pitre et qui mettait l'ambiance dans le rire et la joie. Pendant que Tanguy et moi, nous bagarrions, elle intervenait spontanément pour nous séparer, car la violence l'affectait beaucoup.

Aujourd'hui, je la retrouve complètement éteinte. Elle ne fait parfois plus l'effort de s'habiller et nous reçoit en pyjama, quand d'autres jours, elle se présente en survêtement. Bien que je n'aie rien contre ce genre de tenue, cela ne lui ressemble pas. La jeune femme, coquette et lumineuse, que je connais d'elle, a décidé de s'effacer. Le baby blues peut-être ? Mais comment l'aider ?

Je l'interroge, mais elle semble fermée à toute confidence alors que l'on a toujours été proches. On s'est toujours tout dit et je connais parfaitement le vécu de ma sœur. Une autre révélation se fait jour en moi. Elle n'a pas digéré son passé et quand je pense à son histoire, j'ai très mal.

À l'époque, elle avait quatorze ans et la passion des chevaux la dévorait. Mon père, n'étant plus alcoolique, faisait partie de plusieurs associations, dont celles des alcooliques anonymes et des secouristes. Ma sœur accompagnait donc mon père à chaque course hippique, mais, malheureusement, un jour, son chemin a croisé un monstre qui cherchait une proie. Il lui a proposé de lui montrer son cheval dans son camion, mais il n'y avait pas de cheval. Il l'a violée en l'insultant de toutes les horreurs que la terre a pu entendre avant de la jeter comme une malpropre hors du véhicule… Une fois seule, la jupe en sang car il l'a beaucoup abîmée, elle s'est réfugiée dans la voiture de mon père. Elle avait bien trop peur de traverser la foule dans cet état.

Quand mon père est arrivé et qu'il a compris, il l'a violemment giflée pour le tort qu'elle eut de suivre un étranger. Il l'a ensuite ramenée chez ma mère en disant que c'était une honte d'avoir une fille comme ça.

Ma mère a proposé un bain à Margot, elle a jeté ses habits à la poubelle et a appelé le médecin. Lequel lui a prescrit la pilule du lendemain et puis l'affaire en est restée là. Dossier classé. Mon père était devenu un homme connu et respecté dans la ville où l'on habitait alors, il fallait éviter de parler de cette sale histoire. Et puis, de toute façon, entre agresseurs sexuels, il y a une certaine solidarité. Ils ne vont pas s'accuser les uns et les autres d'avoir commis le même crime. Pour mon père comme pour tous les autres violeurs, c'est la victime qui est coupable...

Résultat : Un violeur de plus en liberté et une femme de plus séquestrée mentalement. Depuis ce jour-là, le champ de courses hippique que ma sœur aimait tant est devenu le champ du double massacre : celui du violeur et celui de la réaction d'un père qui a fini le crime avec la gifle qui condamnera ma sœur dans la honte et la culpabilité. Les coupables s'en sortent toujours à bon compte. Le silence les laisse libres.

Ma sœur était la plus fragile de nous trois. Arriver seconde dans une famille de trois enfants, ce n'est pas la place la plus facile. Elle n'a pas su se situer entre la grande et/ou le petit. Tout bébé, elle présente des troubles alimentaires à tel point que mes parents l'envoient en cure pour, selon l'avis des médecins, lui ouvrir l'appétit. À l'époque, il n'y avait pas beaucoup d'ouvertures sur autre chose et l'éloignement familial fut la seule solution proposée à mes parents. Cette séparation a dû être traumatisante. Je suppose que Margot a souffert d'abandon et de beaucoup d'autres choses en étant coupée de ses racines aussi tôt dans l'enfance. Ma mère a dû également beaucoup culpabiliser de la laisser là-bas. Si elles sont si proches aujourd'hui l'une de l'autre, c'est sans aucun doute pour cette raison-là.

On dirait que Margot est restée une petite fille qui a besoin de sa mère à proximité. Je la regarde et l'observe. Elle non plus n'a pas confiance en elle. C'est même pire que moi. Ses petites mains fines et fragiles tremblent depuis toujours et trahissent une grande émotivité. Je sens qu'elle a peur de mon jugement sur elle dans son rôle de « maman débutante ». Parfois, cette place de sœur aînée me dérange. Je ne veux pas qu'elle s'imagine que je suis forcément meilleure qu'elle, même si je sais pertinemment que c'est comme ça qu'elle vit les choses depuis toujours. Mes confidences sur les problèmes de couple que je rencontre avec Max sont comme une perche que je lui tends pour qu'elle me confie les siens, mais elle ne la saisit pas. La voilà fermée et me voilà inquiète pour elle à tel point que j'y pense le soir, avant de m'endormir.

La séparation (1997)

Un jour, ma mère, ma sœur, les enfants et moi partons en ville faire les boutiques. Nos achats terminés, nous quittons le parking à voiture quand mes yeux tombent par hasard sur la démarche d'un homme que je vois de dos. Diego ! Ma mère, qui n'est pas d'un tempérament discret, se met à klaxonner. Il se retourne et s'approche d'elle, qu'il vient de reconnaître. Me voilà tétanisée d'émotion. Mes jambes vibrent et peinent à sortir mon corps de la voiture pour aller le saluer. Je tremble comme une brosse à dents électrique. C'est ma mère qui prend la parole et cela m'arrange bien, pour cette fois, car je suis incapable de parler. Je l'entends lui raconter que je suis en vacances et que j'en profite pour faire une pause conjugale. Il répond qu'il est séparé depuis six mois de la mère de sa fille, âgée de trois ans. Les ennuis de couple, il connaît ça ! Ma mère lui donne son numéro de téléphone et je regarde la scène de loin. Il m'appellera dimanche. Nous sommes mercredi. Il se tourne vers moi et ajoute qu'on ira boire un verre pour parler de toutes ces années passées. J'arrive à lui donner mon accord en hochant la tête tout en souriant timidement.

La voiture redémarre, me laissant un goût de mystère très puissant. La vie est étrange (être ange). À deux minutes d'écart, on se serait loupés. L'univers m'offre, sur un plateau de hasard, l'occasion de revoir mon premier amour à un moment de ma vie où, justement, rien ne va plus dans mon couple. Est-ce que je peux voir ça comme un cadeau du ciel ? Cette rencontre est-elle un signe du destin ? Ou bien est-elle la réponse à mes vœux ? Quoi qu'il en soit, je ressens le divin auprès de moi. Installée confortablement à l'avant de la voiture, mes souvenirs reviennent et me bercent. C'est un état de rêve éveillé, où mes pensées se tournent vers le sens caché des synchronisations mystérieuses et merveilleuses de la vie. Cet événement est là pour me guider vers ma vraie destinée. Je ne sais pas encore où me mène l'univers, mais, cela ne fait aucun doute, il y a l'ombre du divin derrière tout ça.

Sa voiture m'attend devant chez ma sœur qui gardera Rose et Tanguy pour ce soir. Ce n'est pas sans une pointe au cœur que je laisse mes enfants avec Margot qui est pourtant faible, mais je suis poussée par le désir de retrouver cet homme qui m'intrigue. Je m'installe à ses côtés après l'avoir embrassé amicalement et me laisse porter par Diego, comme par le passé.

— À quoi penses-tu ? me dit-il tout à coup.

— À la même chose que toi, je crois.

— Ça me rappelle quand je venais te chercher à l'époque. Poursuit-il.

Le silence m'est d'un grand recours quand l'émotion me gagne comme à cet instant précis où je réalise qu'il y a des connexions entre nous et qu'il garde des souvenirs de notre histoire passée. Que ressent-il ? Pourquoi m'a-t-il rappelé pour que l'on se voie aujourd'hui, vendredi, alors qu'il avait dit qu'on se verrait dimanche ? Les retrouvailles se seraient-elles faites plus pressantes après mûre réflexion ?

— Je t'emmène chez moi, mais ne prête pas attention au désordre, me dit-il.

Arrivés devant chez lui, il me guide jusqu'à l'ascenseur d'un immeuble. On se retrouve dans cette cabine, l'un en face de l'autre. Ma timidité ne peut pas se cacher. Tout mon corps est en train de dire que je suis gênée. Mon cerveau est en alerte et mes yeux ne peuvent pas rester dans les siens trop longtemps. Lui n'a pas l'air de perdre ses moyens. Il me regarde et m'observe, quand il me dit tout à coup :

— C'est à toi tout ça ?

De quoi parle-t-il ? Je porte une jupe que Margot m'a prêtée. Heureusement, avant de me ridiculiser, je traduis la question comme étant un compliment concernant mon physique. C'est une façon étonnante et assez maladroite de dire à une femme qu'on la trouve belle…

Nous entrons chez lui. C'est un joli petit appartement bien rangé et tout propre que je découvre. Je me demande quels sont ses critères de rangement et propreté. Serait-il maniaque ?

Il me tend un whisky coca. Voilà qui a de quoi me mettre beaucoup plus à l'aise. Nous parlons du passé, des anciens amis et de quelques souvenirs pour en venir vite au fait que nous nous sommes perdus de vue. Apparemment, il m'en veut de ne jamais l'avoir rappelé. Il a téléphoné souvent chez mon père, mais il me l'apprend aujourd'hui. Mon père ne m'a jamais fait passer le message. Mon père ! Le revoilà celui-là ! Toujours là pour manipuler mon destin. Je lui avoue avoir beaucoup pensé à lui, il en doute. J'insiste pour qu'il arrive à entendre que je ne l'ai jamais oublié. C'est comme dans les films. Je retrouve mon premier amour. La vie me donne une seconde chance. Le whisky aidant, je me lève du canapé pour le rejoindre près de la fenêtre. Je fais le premier pas. Il ne refuse pas. Amoureuse, je me laisse porter très haut dans mes rêves…

Le lendemain, j'annonce à Margot que j'ai retrouvé Diego. Plus rien ne m'arrête et mon choix est fait. Max et moi, c'est fini et je reviens résider dans ma région d'origine. Je lui raconte mon bonheur d'avoir retrouvé mon premier amour dans une espèce d'euphorie que je veux partager avec elle. Mais elle ne pétille pas de bonheur avec moi. Le soir, quand je me retrouve seule avec moi-même, se fait le bilan de la journée. La réaction de ma sœur me revient à l'esprit. Je m'interroge alors : n'a-t-elle pas envie de notre rapprochement géographique ?

Est-elle envieuse de mon sort ? Et puisque je me remets toujours en question, je réalise que, ces derniers jours, je lui fais part de mes joies de manière très égoïste. Son mal-être n'est pas en mesure d'accueillir mes petites histoires parce qu'elle est dans une totale obscurité. Tout me réussit pendant qu'elle est en train de faner doucement. Se sentant moche et n'ayant plus aucune estime d'elle-même, mon attitude l'agace certainement quelque peu, mais elle ne peut pas me le dire par peur de me vexer. Je m'en veux à présent de cette maladresse que j'ai à rayonner trop fort autour d'elle et me promets d'être dorénavant très attentive à mes propos et attitudes quand je suis en sa présence. Mon existence représente pour elle une espèce de miroir où elle a toujours eu tendance à se comparer. Nous sommes comme deux fleurs qui avons poussé dans le même jardin. Par la force des choses, je suis sortie de terre avant elle. Nous avions les mêmes tuteurs, mais pas les mêmes couleurs. Je crois bien qu'elle n'arrive pas à s'ouvrir si je prends trop de place. Je dois absolument me faire plus petite, pour qu'elle s'épanouisse à son tour. La voir rayonner me ferait beaucoup de bien. Je connais ses teintes et ses nuances puisque nous nous sommes connues sous terre. Les tempêtes qui ont bousculé notre croissance n'ont pas eu le même impact sur notre développement. À un moment de ma vie, j'ai choisi de me détacher du tuteur jugé trop instable, pour aller explorer ce qu'il se passe ailleurs, pendant qu'elle s'est accrochée à rester quand même auprès de ses racines. Je trouve fatigant pour une fleur de s'agripper toujours à un même pieu. Toute l'énergie se mobilise pour ne pas couper les liens pendant que les vents lui font tourner la tête et la torturent de douleur. Comment s'ouvrir dans une telle tourmente ?

Il fallait que je cherche un appartement rapidement dans la région. Deux mois pour le trouver. Rose devait faire sa rentrée au CP. Consciente de cette étape énorme pour elle, la culpabilité ne manquait pas de venir troubler mes certitudes. Tout plaquer du jour au lendemain était-il bien raisonnable ? Avais-je vraiment mesuré les conséquences de mes actes ? Max, séparé de ses enfants et de la femme qu'il aime. Lui qui comptait sur moi pour le soutenir dans la création de son entreprise. En l'espace d'un soir, je venais de détruire tout ce que l'on avait commencé à créer.

Le bien être que me procurait l'idée d'avoir retrouvé Diego cachait une réalité qui n'a pas tardé à se manifester. Je me suis installée dans un petit village de la région bovine profonde où les habitants ne m'ont pas regardé d'un bon œil. L'idée qu'une femme seule avec deux enfants, qu'elle promène dans une voiture immatriculée d'une autre région, n'eut pas l'air de leur plaire. À l'école, je ressentais ce regard malveillant, si bien que je descendais de ma voiture au dernier moment. Rose a subi également une discrimination parce que nous étions simplement de nouveaux habitants dans le village. Moi qui pensais retourner aux sources et retrouver ainsi un morceau de mon identité, je me retrouvais victime d'exclusion. Seule, je n'ai pas eu le courage ni l'envie de m'intégrer dans la vie du village et choisis de ne me consacrer qu'aux gens que j'aime. Dieu sait que je suis très attachée à la terre de mon enfance. Je n'ai besoin de personne pour aller enserrer un arbre dans les forêts gigantesques qui me sont familières. M'y promener m'apaise et m'aère dans tous les sens du terme. L'odeur de champignons et les feuilles d'automne qui craquent sous mes pas m'enchantent à tel point que j'oublie ma condition d'être humain. La nature m'enveloppe et me happe pour un voyage où mon être entre en communion avec d'autres dimensions. Là où, le tout et le « moi » ne font plus qu'un.

Margot allait de moins en moins bien. Ma mère, qui s'inquiétait aussi, a décidé de l'accompagner pour consulter un médecin. Nous pensions qu'elle était sûrement malade, mais quand le verdict est tombé, nous sommes restés bouche bée : Anorexie. On nous explique que c'est un trouble mental lié à l'alimentation et que sa guérison risque d'être très longue. Elle a besoin de soins psychiatriques et une hospitalisation d'urgence est demandée, dans un premier temps. Il faut la perfuser pour faire remonter le taux de potassium et autres éléments nutritifs. Quoiqu'il se passe, elle se trouve grosse. L'image qu'elle a de son corps est complètement erronée et rien ni personne ne peut changer sa vision d'elle-même. Après l'hospitalisation, elle est entrée dans un centre spécialisé pour une durée d'un mois. Les visites et coups de téléphone étaient interdits. Il était nécessaire qu'elle se recentre sur elle-même.

Ma mère et moi, son mari Franck et ses parents, nous sommes organisés pour garder sa fille Camille. Tout le monde était très affecté par l'évolution de la maladie de ma sœur et chacun l'a vécu à sa manière. Ma mère culpabilisait beaucoup en se demandant ce qu'elle avait fait ou pas fait en tant que maman pour que sa fille soit si mal dans sa peau. Frank, quant à lui, était jeune. Cette situation l'a très vite dépassé. Il s'est retrouvé à devoir tout gérer alors qu'il travaillait toute la semaine sur ses chantiers. Il n'a pas réussi à l'accompagner dans cette maladie et, d'un commun accord, ils ont décidé de divorcer.

Seule, je faisais le lien entre ce qu'elle avait subi et la maladie qui l'affectait. Son état mental était le résultat d'une somme d'événements négatifs traumatisants. Aucun doute, tout était rattaché à son enfance. Je ressentais surtout de la colère envers mes parents, pas à la hauteur pour la protéger et agir en conséquence.

Un jour, je suis allée la voir dans le centre où le médecin l'avait placée. Veillant à avoir une tenue vestimentaire très simple, j'ai évité tout maquillage et artifice afin de ne pas éveiller son complexe d'infériorité.

Ce jour-là reste gravé dans ma mémoire à tout jamais. J'attendais qu'elle sorte d'une salle de thérapie de groupe, quand la porte s'est ouverte. Je regardais les gens sortir de cette pièce quand j'ai aperçu un petit bout de femme qui avançait comme un zombie, suivant les autres sans réfléchir.

Ma sœur ! Ma petite sœur que j'aime tant ressemble à un oiseau fragile. Quelqu'un lui a fait beaucoup de mal. Je ressens une énorme colère en moi. Un agresseur est en liberté et c'est la victime qui est prisonnière. Mes parents n'ont pas porté plainte contre le monstre qui lui a fait ça. Il aurait fallu prendre Margo en charge immédiatement après le drame. Si elle avait été reconnue victime aux yeux de ses parents et de la justice, elle se serait très certainement reconstruite autrement.

Je me lève doucement de ma chaise pour m'approcher d'elle. Surprise de me voir, elle se ressaisit un moment. Je comprends par cette réaction qu'elle a encore un certain contrôle sur elle-même puisqu'elle se redresse en me voyant. On se prend dans les bras, je l'enveloppe de tout mon amour. Son corps frêle et tout tremblant me parle de sa vulnérabilité à tel point que j'ai peur de la casser si je la serre trop fort. Si seulement je pouvais prendre son mal !...

Nous passons quelques heures ensemble à dialoguer dans le parc de la clinique thérapeutique. Elle refuse la boisson ou le petit en-cas que je lui propose en m'expliquant son rapport actuel à la nourriture. Il lui est impossible d'avaler quoique ce soit. Elle me raconte qu'ici, ils contrôlent tout ce qu'elle mange et me confie avoir trouvé plusieurs stratégies pour les duper. Elle sait que la nourriture qu'elle ingurgite ne doit pas rester plus d'une demi-heure dans son organisme, sinon, ça arrive dans le sang. Elle s'arrange pour vomir en cachette. Je l'entends me confier qu'elle sait maintenant vomir sans faire le moindre bruit. Son obsession est axée sur son poids et je réalise tout à coup que ce trouble me laisse impuissante. Ses confidences sur les stratégies qu'elle utilise pour leurrer les soignants pourraient me rassurer sur les liens fraternels qu'elle conserve avec moi. Elle me raconte ses petits secrets comme avant, mais elle me déroute. Je ne sais ni quelle attitude adopter ni quelle réponse lui donner. Je décide subitement de me lancer en lui exprimant mon avis sur l'origine de son mal. Persuadée que ce viol en est la cause, il n'y a pourtant pas que ça. J'ose alors lui parler de mes souvenirs et visions qu'il me reste des actes de notre père. Puisqu'on est dans les confidences, crevons un abcès. Elle ne se souvient pas avoir subi des attouchements sexuels de la part de notre géniteur. J'ai pourtant vu par moi-même qu'il s'en est pris à elle aussi. Les scènes que je revois ne sont pas une invention de mon imagination. Devant son déni, je suppose qu'il est inutile d'insister. Remuer le couteau dans la plaie n'est pas une bonne idée, elle est déjà aux portes de la mort. La sachant entourée de spécialistes, je lui suggère tout de même de profiter de cette aide de proximité pour éventuellement évoquer mes propos avec les spécialistes du service de soins.

Ai-je été à la hauteur pour lui faire du bien ? Qu'est-ce qui pourrait lui faire du bien ? Cette maladie est d'une grande difficulté à comprendre. Ma sœur garde toute son intelligence. Ce n'est pas un problème neurologique, c'est une maladie mentale. Bien trop sensible, ce n'est pas possible.

Environ deux semaines plus tard, le centre thérapeutique appelle ma mère pour expliquer qu'il faut venir chercher Margot de manière urgente pour l'hospitaliser. Leur établissement n'est plus apte à la recevoir puisque ses besoins relèvent de soins médicaux. Autrement dit, ils ne peuvent rien faire pour elle, car il n'y a aucune amélioration, voire pire ; elle est à nouveau en danger.

Le directeur nous reçoit dans son bureau. Ma mère et moi l'écoutons nous informer sur sa décision. Elle est bien trop faible physiquement, il faut la perfuser. Le psy finit par me demander mon prénom. À ma réponse, il nous fait part de sa conclusion face aux réactions de ma sœur au centre. Margo a eu plusieurs conflits avec une résidente qui avait un prénom ressemblant au mien. Il sous-entend qu'elle a peut-être fait un transfert sur cette jeune femme afin de pouvoir exprimer une colère envers moi. Cela ne m'étonne qu'à moitié.

Elle n'a pas développé sa propre personnalité. Je ne l'ai jamais vu se rebeller, que ce soit envers nos parents à l'adolescence ou bien envers moi qui prenais trop de place. C'est vrai, quand j'y pense. Elle est même allée jusqu'à épouser le frère de Max. Ma petite sœur chérie est malheureuse et il semblerait que si je n'avais pas été dans sa vie, elle aurait peut-être été moins fragile. Quand on a la place de second dans une fratrie, ce n'est pas évident. Alors, elle m'a un peu imité.

Que faire ? J'aime tellement ma sœur. Ça me fait tellement mal de la voir dans cet état.

Nous la retirons ce jour-là du centre pour l'accompagner à l'hôpital. Je me demande pourquoi ils n'ont pas fait appel à une ambulance, car elle est vraiment au plus mal. Anémiée, il lui faut au plus vite du potassium pour son cœur fragile. Dans la voiture, je suis à l'arrière avec elle. Je la regarde dormir, la bouche ouverte. J'ai peur qu'elle meure. Ma main qui tient la sienne cherche à lui apporter du réconfort. Tellement maigre, tellement faible. Je la vois déjà presque morte, c'est horrible.

L'anorexie est une maladie mortelle. Ma sœur a refoulé trop de choses et ça la rend maintenant malade. Dans le mot « maladie », on entend « mal à dire » …

Hospitalisée, à nouveau quelques jours, on la transfère ensuite dans un autre centre psychiatrique. Elle refuse d'y aller. Sa demande est de rentrer chez elle, mais les médecins s'y opposent.

C'est ma mère et moi qui l'accompagnons, le cœur très lourd.

Nous arrivons dans cet établissement où les résidents que l'on croise sont dans différents états de santé mentale. L'impression d'avoir débarqué sur une autre planète. Mélange de gens qui souffrent de troubles divers et variés avec d'autres qui, ma foi, ont toute leur tête, juste en souffrance, à un moment donné de leur vie. Je ne suis pas convaincue de l'efficacité d'une telle thérapie pour ma sœur. La voilà dans un lieu où, de toute façon, tout le monde est complètement shooté, il ne faut pas espérer qu'elle y fasse des rencontres qui pourraient la tirer vers le haut. Ce genre de structures ne me semble pas adapté aux problèmes d'anorexie, mais il en existe très peu en France. Les places sont chères. Étant donné que je ne suis pas médecin, je me dis que ceux que ma sœur croisera seront peut-être quand même à la hauteur, je garde un doute. Ce n'est pas dans ma nature que d'accorder une confiance totale…

— Vous m'avez emmené chez les fous : je ne suis pas folle ! Sortez-moi de là ! hurle-t-elle.

— On n'a pas d'autres solutions. Tu n'as plus qu'à te battre ! Ça suffit maintenant ! dit ma mère d'un ton agacé.

Fâchée, ma mère a un élan de rébellion contre Margot. Elle est, elle aussi, à bout de nerfs. Voir sa fille dans cet état lui est très pénible. En signant des papiers pour donner son accord afin d'interner sa propre fille, une larme est tombée sur le dossier. Situation très douloureuse où l'on passe par plusieurs émotions à la fois. Je choisis de ranger ma colère et de soutenir ma mère qui est complètement désemparée. Son sens maternel m'apparaît clairement. Sa douleur et la façon dont elle se bat sans rien lâcher la font remonter dans mon estime. Je reconnais ainsi être née à travers le corps d'une femme qui aime ses enfants.

Quelques jours plus tard, elle a fait des démarches administratives afin de reprendre son nom de jeune fille. Porter le nom de son ex-mari était devenu intolérable pour elle.

De retour chez moi, mes pensées tournaient sans cesse autour des mêmes thèmes : les non-dits et la culpabilité. Je me sentais coupable d'être plus heureuse que ma sœur et fautive d'avoir séparé les enfants à 500 km de leur père. Diego ne me paraissait plus du tout investi dans la relation. Il venait me voir, mais ne voulait jamais dormir chez moi. On se voyait en moyenne deux fois par semaine. Je lui racontais alors mes inquiétudes face à ma sœur et je suppose qu'il a pris peur. C'est quelqu'un de très personnel, il ne perd pas de temps avec les difficultés, car il les élimine de sa vie dès que ça pèse un peu trop lourd. Il m'avait d'ailleurs dit, un jour, qu'il ne supportait pas l'idée que mon père m'ait violée. J'étais issue d'une famille à problèmes et ça le faisait fuir. Je me sentais seule et, quand le jour se penchait pour laisser place à la nuit, boire de l'alcool pour échapper à ma réalité devenait un réflexe. Max, au téléphone, sentait bien que je commençais à déraper.

Boire

Ce soir, je picole
j'en ai ras le bol
des jours comme ça
où ça ne va pas.
J'veux m'envoler
ne plus penser
et je décolle
avec l'alcool.
Y'a du passé
y'a du présent
ça va passer
en m'enivrant.
Un verre par ci
un verre par-là
parcimonie
je ne connais pas.
J'ai une fâcheuse habitude
à m'assommer le soir
parce que la solitude
me fait broyer du noir
quelques verres de pinard
me donnent de l'entrain
Et ainsi me font croire
qu'au final tout va bien

Ça me met en mode « veille »
j'en deviens alcoolique
et c'est une bouteille
qui va me rendre addict
Je n'ai plus toute ma tête
quand arrive le soir
les fêtes et les défaites
me mettent dans le brouillard.
Quand l'apéro me tente,
je perds ma volonté
tout en étant consciente
que je devrais arrêter
Attiré par l'ivresse
sans comprendre pourquoi
je ne trouve pas la sagesse
au plus profond de moi.

Un soir vers minuit, alors que je dormais, me voilà réveillée par un caillou que quelqu'un jetait de l'extérieur. C'était Max. Il avait fait 500 km sans me prévenir pour voir ses enfants. Je n'ai pas pu le refuser et il a dormi sur mon canapé. Hébergé quelques jours chez moi, il a su montrer son côté agréable et nous avons renouvelé l'opération un week-end sur deux. Il profitait des enfants qui étaient très heureux de le retrouver à chaque fois. Nous parlions beaucoup. Notamment de ma sœur et sa maladie. Il était d'accord avec moi sur l'origine de son mal. C'était apaisant de pouvoir parler de tout ça avec lui qui connaît bien les tenants et les aboutissants. Je me sentais plus comprise par Max que par Diego. Malgré tout le mal que je venais de lui faire, il était encore capable de s'intéresser à moi. Quand il repartait, les enfants pleuraient. J'avais abîmé la famille que j'avais créée pour revenir à mes amours d'adolescence. Aurais-je perdu la raison ? Je m'en voulais maintenant d'avoir réagi comme une gamine.

Je m'ennuie,
C'est la galère
je regarde sur mon ordi
Mais il n'y a rien à faire
Je ferais bien quelques vers
Mais je ne m'appelle pas Baudelaire
Je vais donc aller au lit
pour oublier tous mes soucis
Morphée va m'accueillir
et je vais bien dormir
Mais une fois couchée
je me mets à cogiter
Les fantômes du passé
sont venus me narguer
il faut faire un bilan
ça vient du subconscient
Je suis une marionnette
perdue dans la tempête
pas moyen d'être tranquille,
il faut dénouer les fils
C'est un paquet de nœuds
qu'il me faut délier
je dois faire de mon mieux
pour ne pas me tromper
ça risque d'être long
et pas toujours très bon,
mais je n'ai pas le choix
il faut passer par là

L'attitude attentive et aimante de Max, à mon égard, m'a amené à penser qu'il valait mieux pour nous que je retourne avec le père de mes enfants. Pendant les fêtes de Noël, nous nous sommes réconciliés. Puis, il revenait le week-end, nous passions de bons moments en famille. Les enfants étaient heureux, c'était très beau à voir.

Max continuait de s'intéresser à Margot et moi. Il appelait pour avoir régulièrement de ses nouvelles et j'ai beaucoup apprécié de partager cela avec lui. Il disait que ma sœur était comme la sienne à ses yeux. Il connaissait l'histoire, je pouvais en parler et ça m'a, bien évidemment, rapproché de sa personnalité. Je découvrais un autre homme. Sous sa carapace de gorille, il y avait un homme sensible, intelligent, capable de pardonner mes tromperies, de mettre sa fierté de côté, de se remettre en question. Son amour pour moi ne faisait aucun doute. J'ai donc décidé de recommencer. Il était le père de mes enfants et un super protecteur pour moi aussi. Je suis retournée vivre au pays des cigales et des mouettes à la fin du mois de juin. Max nous a trouvé une petite maison à louer dans un village de mille habitants et nous nous sommes réengagés ensemble pour le meilleur comme pour le pire… Le plus difficile a été de m'éloigner de Margot et de renoncer à Diego. Il paraissait un peu déçu et surpris quand je lui ai annoncé mon départ. Son attitude y était aussi pour quelque chose dans mon choix, mais je n'ai pas été capable de lui exprimer ma très forte déception. Moi qui avais tout quitté pour lui, je me retrouvais face à un égoïste. Cela m'a blessée, mais je ne lui ai pas dit… Mes préoccupations liées à Margot ont certainement parasité le déroulement de notre amour et il semblerait qu'il n'a pas voulu s'investir. Je ne me suis pas sentie soutenue. Un petit pincement au cœur a tenu à s'exprimer. Nous nous sommes promis de ne plus jamais nous perdre de vue et de nous téléphoner de temps en temps.

Je l'ai annoncé à ma mère, elle l'a mal pris. Je me souviens m'être fâchée avec elle ce jour-là. Je ne voulais pas de ses conseils. Je n'ai jamais voulu suivre la route sur laquelle mes parents auraient rêvé que j'aille. Je suis libre de mes choix et de mon destin. C'est quelque chose que j'ai toujours crié haut et fort. Il n'est pas question que je me retrouve enfermée dans un rôle que l'on me donnerait à jouer alors que je ne l'ai pas décidé. Je suis donc partie en claquant un peu la porte, mais je ne me fâche jamais pour toujours avec ma mère. Ce n'est pas envisageable même si parfois, je l'ai dit.

Ma sœur a finalement été autorisée à quitter l'hôpital au terme d'un certain temps d'isolement. Aidée par des assistantes sociales, aides ménagères, psys et traitements médicaux, ma sœur a pu retrouver son appartement et un semblant de vie. Son ex-mari ayant eu la garde de leur fille, elle avait quand même des droits de visites et d'hébergement. Toujours suivie par des spécialistes, elle allait faire son chemin vers la guérison et je me sentais rassurée. Ma mère étant près de Margo, je m'inquiétais moins pour son devenir. J'avais confiance en la vie qui m'appelait ailleurs.

Max était là avec son camion. Il n'était plus question de faire marche arrière.

Reprise de la vie commune (1998)

Nous chargions le camion de Max avec l'aide des voisins, mais j'ai commencé à grogner silencieusement quand Max leur a proposé de leur donner quelques-unes de mes affaires. Il ne m'avait pas consultée avant et leur a donné mon lave-vaisselle ainsi qu'un placard de cuisine prétextant qu'il n'y avait pas assez de place dans le camion. Je me suis retrouvée devant le fait accompli sans pouvoir exprimer mon désaccord et j'ai commencé immédiatement à déchanter. S'il m'en avait parlé avant, j'aurais pu lui dire que je préférais les stocker chez ma mère. Devant la situation qu'il m'imposait, je n'ai pas pu le contredire, car les voisins étaient là et se faisaient une joie de tout récupérer. La colère a commencé à bouillonner. Ne pas l'exprimer est quelque chose que je vis très mal. Il a décidé à ma place et j'eus l'impression qu'il venait d'arracher une de mes plumes et ce sentiment que je ne pourrai bientôt plus m'envoler en liberté. Ce fut pour moi le signe d'un manque de respect à mon égard, trop tard, j'étais engagée… La nostalgie m'a accompagnée sur la route pour une nouvelle vie jusqu'à environ mi-chemin. Pensant essentiellement à ma sœur et à Diego. Je n'étais pas vraiment sûre d'avoir fait le bon choix, mais je devais maintenant assumer.

Je n'arrive pas à me décider
une fois oui, une fois non
toujours peur de me tromper
quand je dois prendre une décision
Manque de confiance en moi

vraiment très compliqué
quand je dois faire un choix
sans culpabiliser
Les carrefours de ma vie
me font tourner en rond
j'avance comme un zombi
sans connaître ma direction
J'ai pourtant un destin
une lumière qui m'attend
un bonheur dans mes mains
comme un son que j'entends

Arrivée au pays des cigales et des oliviers, la petite maison qui nous a accueillis m'a beaucoup plu. Max a repris le travail et je me suis adaptée à notre nouvelle vie tant bien que mal. Mon problème était toujours présent : impossible d'avoir envie de lui ou d'avoir du plaisir. Les actes de mon père envahissaient ma tête au moindre élan de Max. Je me forçais pour ne pas le décevoir. J'allais mal. Mon cerveau et certaines cellules de mon enveloppe corporelle ont mémorisé que mes endroits sacrés sont susceptibles d'être attaqués. Cette sensation étrange de se sentir en danger. J'ai créé des soldats invisibles alors qu'il faudrait que je sois maintenant en paix. Comment faire pour me débarrasser de ce mécanisme ? Je n'arrive pas à expliquer à mon cher et tendre que certains gestes réveillent en moi de mauvais souvenirs et que ce n'est pas adressé à lui si mes mains le repoussent. Parce que lui, je l'aime et j'aimerais le satisfaire. Que lui, ce n'est pas mon père, mais celui de mes enfants.

Des séquelles
C'est la triste conclusion
que je dois accepter
il reste des lésions
que je ne peux traiter
Il n'y a vraiment pas moyen

parfois ça me revient
Suis-je donc si instable ?
Ou bien même incapable ?
Quand il a envie de moi
ça devient un combat
Il insiste quand même
ça me fait de la peine
Je n'arrive pas à lui dire
que certains de ses gestes
me donnent envie de mourir
pour oublier l'inceste
Être seule avec ça
lui, ne comprend pas
Je sens qu'il est frustré
voir un peu, mal baisé
Je risque de le perdre
Si ça continue comme ça
Putain de séquelles de merde
je dois vivre avec ça.
Il n'y a vraiment pas moyen
parfois ça me revient
c'est comme du chiendent
ça repousse tout le temps

Ma sœur est venue en vacances l'été suivant. Je l'ai accueillie dans ma nouvelle vie avec Max. Tout en l'observant, je remarquais d'emblée qu'elle avait pris du ventre, mais me suis bien gardée de le lui dire. Son visage encore très creux m'a légèrement déçu, mais, la sachant suivie par des spécialistes en rapport à sa maladie, je me sentais un peu confiante. Son attitude alimentaire était tout de même très étonnante. Après le repas, elle continuait à prendre du pain qu'elle trempait dans la mayonnaise et mangeait de manière boulimique. Je lui fis remarquer que ce qu'elle faisait était très écœurant, mais sa réponse me laissa sans voix :

« Il ne faut pas me contrarier avec la nourriture puisque ce sujet est très sensible chez moi. »

Puis, elle prenait sa douche tous les soirs après souper quand, un jour, j'eus besoin de la salle de bain pour faire une toilette à mon fils avant de l'emmener au lit. J'ai frappé à la porte et lui ai demandé si je pouvais entrer. Entre sœurs, notre nudité a toujours été quelque chose de naturel. Nous nous étions même comparées toutes les deux devant la glace, quelques mois auparavant. Je voulais lui faire réaliser que l'image qu'elle avait d'elle-même était erronée. Alors sans succès…

Quand je suis entrée dans la salle de bain, après son accord, j'ai vu qu'elle avait vomi dans un sac. Ça m'a choqué, mais j'ai su rebondir très vite pour ne pas la mettre dans l'embarras. Mon fils dans les bras, je l'ai lavé et suis allée le coucher sans rien dire. Ma sœur n'était donc pas du tout guérie ! Je décidai de retourner la voir, car elle avait vu que le sac n'avait pas échappé à mon regard. Il fallait qu'elle sache que son état de santé ne me laisse pas indifférente. Moi, sa sœur et confidente depuis toujours, je me sentais investie d'une mission et j'ai frappé à nouveau à la porte de la salle de bain.

— Comment vas-tu faire avec ce sac maintenant ? lui demandais-je.

Elle me répondit sans perdre ses moyens qu'elle avait l'habitude de faire ça et qu'elle gérait très bien la situation. Elle viderait le sac dans les toilettes et le jetterait au fond de la poubelle. Ni vu ni connu. Je ressentais un peu de colère en constatant qu'elle nous dupait facilement, mais ma compassion était plus forte et je me suis surprise à m'imaginer faire le guet pendant qu'elle effectuerait ses opérations afin que personne ne la voie. Je me suis ressaisi tout à coup. Il était hors de question que je sois complice de cette maladie. Je savais que sa reconstruction serait lente, qu'il fallait s'armer de patience. Je commençais à la surveiller. À chaque fois qu'elle partait aux toilettes, je me demandais ce qu'elle pouvait bien y faire.

Elle disait avoir mal au ventre et je trouvais qu'elle était effectivement ballonnée. Devant ses douleurs et mon inquiétude, j'ai insisté pour l'emmener aux urgences. L'échographie révéla une nouvelle pour le moins inattendue. Margot était enceinte de sept mois. Avec l'anorexie, les indispositions menstruelles féminines s'annulent. Déni de grossesse lié à sa maladie. Sa réaction fut très violente. Prise dans des angoisses terribles, elle voulait accoucher sous x. Il fallait respecter son choix tout en étant torturée pour l'enfant à venir. J'avais beau lui dire qu'elle risquait de le regretter plus tard, son choix semblait fait. Elle ne se sentait pas à la hauteur pour avoir un second enfant.

Son séjour chez moi se prolongea jusqu'à la fin des vacances d'été. Elle a voulu rentrer chez elle et ainsi rejoindre sa fille qui était en garde chez son père. Le juge des affaires familiales avait décidé de laisser la garde de Camille à son père le temps que ma sœur se rétablisse, mais Margot voulait quand même être présente pour la rentrée des classes. Cette raison me suffit pour la laisser partir dans cet état physique et psychologique. C'était une très bonne idée de penser à Camille et cet amour ne pouvait lui donner que des forces.

Arrivée chez elle, j'ai reçu son appel téléphonique m'informant qu'elle était en train de changer d'avis. Le médecin lui aurait annoncé que l'enfant qu'elle portait était un garçon. Il lui était donc impossible d'abandonner son fils. Elle l'appellerait David. Elle s'est remise en contact avec le géniteur, un homme qu'elle a aimé, mais que la maladie avait éloigné. Il était prêt à assumer son rôle de père et à la soutenir. Il ne leur a pas fallu longtemps pour renouer une relation amoureuse. J'étais, du coup, moins soucieuse pour l'avenir de Margot, car son fils est vite devenu sa raison de survivre. Camille, quant à elle, vivait chez son papa, mais elle venait régulièrement en week-end voir sa maman. Même si les choses ne sont jamais simples, ma sœur avait une perspective d'avenir et ça m'a, je l'avoue, beaucoup soulagé. Sa maladie fera toujours partie de sa vie, mais son fils, devenu une sorte de bouclier, empêchera ma sœur de sombrer.

Les pièces du puzzle

J'ai fini par me décider à aller voir une psy quelques mois après notre nouveau départ. Il fallait que l'on redémarre sur de bonnes bases et que je règle ce problème de libido, car je n'arrivais toujours pas à être bien. Max n'y voyait pas d'inconvénient, mais il me donnait l'impression de ne pas s'y intéresser vraiment. Absorbé par le travail, il n'avait pas trop le temps d'être attentif, mais j'étais motivée à travailler sur moi-même. Je me suis donc retrouvée dans un cabinet médical spécialisé. C'est une femme d'une cinquantaine d'années qui m'a ouvert sa porte. Elle m'a tendu une poignée de main et j'ai découvert la pièce dans laquelle j'allais peut-être me libérer. Une banquette se présentait à ma droite, mais j'espérais ne pas être obligée de m'y allonger. Quelques jouets dans une caisse me laissaient supposer que l'on pouvait venir pour, ou avec les enfants. Une grande fenêtre laissait entrer la lumière plombante sur le bureau derrière lequel elle m'a invité à m'asseoir. Je ne savais que dire. Elle a brisé le silence en me posant l'inévitable question :

— Alors, qu'est-ce qui vous amène ?

— J'ai des problèmes dans ma vie de couple et j'ai l'impression que cela vient de ce que j'ai vécu dans mon enfance.

— Qu'avez-vous vécu ?

À cette question, j'ai repris mon souffle.

— J'ai été victime d'inceste.

— Par qui ? m'a-t-elle demandé de préciser.

— Par mon père.

Les mots qui sortaient de ma bouche me semblaient trop communs, je les disais de manière détachée alors que je savais pourtant que tout était là. Avec mes lectures sur la psychologie et autre science du bien-être, j'ai appris qu'il faut exprimer les choses. J'étais convaincue qu'il me fallait passer par les mots pour atténuer mes maux, mais il était difficile de m'entendre dire de telles choses à une inconnue. Comment allait-elle m'analyser ? Me croirait-elle ? Mytho ou pas mytho ? Allait-il falloir que je raconte les détails des scènes ? J'en ai beaucoup oublié. Mes souvenirs surgissent par flash. Ils ne préviennent pas quand ils arrivent et mon mental en a chassé plusieurs par protection. L'être humain est bien fait. Le cerveau se met en veille quand l'agression est trop violente. On enfouit alors sous terre et sous le verbe « taire ».

L'inceste, c'est un mot qui fait peur. On n'a pas envie d'imaginer l'étendue du phénomène. On ne se dit pas que ça peut venir d'un oncle, un beau-père, un grand-père, une belle-mère, une femme, mon Dieu ! Une femme incestueuse ! ça existe aussi. Moi, c'est mon père qui m'a fait ça. Le premier homme que mes yeux ont vu, que mes oreilles ont entendu. Le premier qui m'a pris dans ses bras… Elle a repris son interrogatoire en me posant la question qui m'a tuée.

— Pensez-vous que votre mère ne vous a pas protégée ?

Je suis restée figée un instant, car c'est une question que j'avais refusé de me poser clairement. Je ne m'y attendais pas. J'ai fouillé dans ma mémoire et les images du passé sont venues me donner la réponse. J'ai dit « oui » et ma gorge s'est mise à gonfler. Les larmes sont arrivées à flot, j'ai essayé de les retenir, mais elle m'a dit qu'il valait mieux les laisser sortir. Ça a été révélateur pour moi. Je n'ai pas réussi à parler davantage ce jour-là. Ce sont mes larmes qui l'ont dit. Une mère protège ses enfants. Elle sait quand son enfant va mal, si tant est qu'elle s'y intéresse un peu. Moi qui suis mère à mon tour, il me semble qu'avec de l'attention pour eux, je sais reconnaître les signes d'un moindre malaise.

Je me souviens d'un matin où elle rentrait du travail, car elle occupait un poste de nuit. Nous étions à la table du petit déjeuner et mon père était parti travailler. Ma sœur a soudainement lancé qu'elle en avait assez, car papa venait me voir dans la nuit et que ça la réveillait. (Nous partagions la même chambre.) Ma mère m'a regardé d'un air catastrophé et son regard sur moi m'a fait peur. Avec du recul, je comprends qu'elle a dû avoir un choc, mais ce regard m'a fait peur. C'était pour moi un regard accusateur. Elle m'a demandé :

— C'est vrai ça ?

J'ai eu peur de me faire gronder. Ce n'était pas moi qui dévoilais les faits, ça me donnait le sentiment d'être complice des actes de mon père. Je savais que tout dépendait de ce que j'allais répondre. Je me suis paralysée un instant avant de dire « non » et de m'enfuir dans ma chambre. Un non qui voulait dire oui. Mon cœur battait la chamade. J'étais en moi déjà coupable. Coupable de ne pas réussir à le dire. Coupable de faire des cachotteries derrière le dos de ma mère alors que je n'ai rien demandé. Coupable de protéger le monstre parce que je ne veux pas qu'il ait des problèmes avec maman. Coupable de tout et de rien à la fois.

Je me suis tue pour éviter un scandale que je pressentais. Comment avais-je pu deviner que si je parlais, cela provoquerait un génocide familial ? Quelque chose en moi me disait de me taire. Pourtant, Dieu sait que je détestais ce que me faisait subir mon père. Dieu sait ce qu'il m'embêtait et Dieu sait combien c'était insupportable dans ma tête, dans ma chair et dans mon cœur d'enfant.

Je ne sais combien de temps j'ai attendu dans ma chambre, espérant que ma mère me rejoigne, espérant qu'elle se rapproche de moi, espérant qu'elle me questionne sur ce qu'elle venait d'entendre, espérant qu'elle me dise qu'elle m'aime, espérant qu'elle prendrait les choses en main pour qu'il arrête. Je comptais sur elle pour me sortir de la prison du silence dans laquelle j'étais enfermée. Je ne sais combien de temps j'ai attendu.

Elle n'est jamais venue. Fatiguée par son travail de nuit, elle est partie dormir…

Elle n'en a plus jamais parlé.

J'ai alors grandi avec cette idée que j'étais coupable et personne ne m'a expliqué l'inverse.

Je me souviens aussi, d'une fois parmi tant d'autres. J'avais environ dix ans, j'étais dans mon bain et il vint soi-disant m'essuyer. Ma mère était dans la maison. Avait-il fermé la porte à clé ? Il abîma encore mon corps, mon intimité et mon âme. Moi, j'en avais marre de tout ça, il me dégoûtait profondément avec son regard étrange sur moi. Ses gestes intrusifs étaient douloureux, mais je restais stoïque, incapable de réagir, muette, paralysée, sidérée. Il fallait que je mette toute mon énergie pour ne pas ressentir mon corps. Mon mental intervenait comme pour, en quelque sorte, m'anesthésier. Pour que mon corps dorme profondément pendant que l'autre aboutit à la satisfaction de ses pulsions. Fort heureusement et grâce à cette réaction du cerveau, j'ai oublié beaucoup de scènes désastreuses. Je savais bien, moi, que ce qu'il faisait était mal. Personne ne me l'avait jamais dit, mais je sentais qu'il transgressait une grande loi.

J'avais peur que ma mère arrive et qu'il y ait un drame. En même temps, j'espérais que quelque chose se passe ou se déclenche. Que faisait-elle ce jour-là ? Pourquoi ne s'est-elle pas demandé ce qu'il faisait dans la salle de bains avec moi ? Pourquoi n'est-elle pas entrée ? Il en mettait du temps pour m'essuyer et puis d'abord, à l'âge que j'avais, ne pouvais-je pas m'essuyer toute seule ? Comment n'a-t-elle rien vu ? L'adulte ne voit-il donc seulement que ce qu'il veut voir ?

Je pensais à tout ça, en larmes chez ma psy. Pas moyen de sortir un seul mot de ma bouche. J'étais même gênée. Elle me tendait des mouchoirs en papier à disposition de ses patients. Je versais les larmes que mon corps avait accumulées. Je me faisais une nouvelle révélation : ma mère avait été complice par passivité selon les termes de la psychiatre en face de moi.

— Il était temps que vous veniez me voir ! a-t-elle fini par me dire. Remarquez, il vaut mieux commencer une thérapie à trente ans plutôt qu'à cinquante…

Ce premier entretien m'a révélé combien tout ça m'a fait souffrir. Jusque-là, je l'avais étouffé dans le plus profond de mon inconscient. En grandissant, j'ai éteint tout ce que je pouvais ressentir. C'est comme si mon père m'avait coupée en deux. Ma tête pouvait penser et d'ailleurs, elle ne s'arrêtait jamais, mais mon corps était dans le coma.

Lors de cette entrevue, je pensais parler de mon père, mais ma mère est arrivée au-devant de la scène. Je m'efforce de ne pas la juger. Je sais qu'il y a une raison à tout ça. Son travail la fatiguait beaucoup et elle était lasse d'avoir un mari alcoolique. Son enfance n'a pas été toute rose non plus puisqu'elle a perdu sa maman à l'âge de quatre ans, lors de l'accouchement de son troisième enfant. Ma mère se souvient qu'on l'a forcée à faire un dernier baiser à sa maman qui était toute froide. Il lui restait en souvenir la froideur d'une mère. Elle n'a pas profité longtemps de son amour et a grandi avec ce manque.

Je lui ai fait beaucoup de reproches par le passé, car j'ai toujours manifesté une grande révolte envers elle. Aujourd'hui, je comprends mieux. À cette époque, personne ne parlait d'inceste.

J'attendais qu'elle entende mes appels, j'attendais qu'elle vienne me rejoindre dans ma chambre pour savoir ce que j'avais de si lourd à porter. Je l'appelais à ma manière. Je comptais sur elle pour stopper ça. Elle n'avait pas le décodeur pour changer le film de mon enfance, de ma vie. Il n'y a eu personne pour elle non plus…

Par ailleurs, son travail la fatiguait beaucoup et elle était lasse d'avoir un mari alcoolique.

J'ai continué à consulter ma psychiatre pendant environ deux ans, à raison d'une fois par mois. Au commencement, elle m'a fait du bien. J'avais en face de moi, quelqu'un qui entendait ma vérité. Elle me repositionnait en victime et apaisait ma culpabilité. Tôt ou tard, il me faudrait trouver le courage d'aller voir mon père. Je devinais que ce ne serait pas une démarche facile à effectuer tout en sachant que c'était nécessaire. Il y avait des fantômes dans ma tête et des monstres dans mon lit, il y était fortement pour quelque chose. Un jour ou l'autre, j'irai crever mon abcès pour avoir accès à ma liberté.

J'ai évoqué avec cette spécialiste du mental mes difficultés à gérer les comportements agités des enfants, retenant plusieurs idées pour gagner en autorité et rester ferme face à mes chérubins. Elle m'a également conseillée à propos de ma libido. Selon elle, lorsque « les fantômes » arrivent, il faut stopper net toute étreinte. Mon partenaire doit respecter cela et reprendre plus loin. Quand je me sentirai vraiment respectée dans ma problématique, ça deviendra de moins en moins compliqué et surtout, de plus en plus agréable. Elle dit qu'à force, les soldats comprendront qu'il n'y a plus lieu d'intervenir, car je ne suis plus en danger. Si jamais j'accomplis cet acte en serrant les dents, pour faire plaisir à mon compagnon, je le revis comme un viol et il me faut encore du temps pour m'en remettre.

Cette spécialiste du mental avait, sur ma mère, un regard fort accusateur à tel point qu'elle me conseillait de couper les ponts. Je l'ai fait un certain temps, mais ma mère en souffrait et je ressentais le besoin de lui pardonner. Faire la paix avec elle m'a semblé beaucoup plus positif que s'acharner à des rancunes, des haines et des guerres. Je trouve que j'ai eu raison. Aujourd'hui, ma mère et moi sommes très liées et c'est vraiment mieux pour tout le monde. Je suis vigilante, car il est vrai que certaines de ses attitudes m'agacent encore très vite, mais je prends sur moi, car je la vois peu. Nous habitons à 500 km l'une de l'autre.

Souvent, j'ai eu l'occasion de parler et de me disputer avec elle par rapport à tout ça. Ayant acquis l'âge où l'on entre dans la sagesse, elle est aujourd'hui une bonne grand-mère pour mes enfants. C'est tout ce qui compte à mes yeux. J'ai fait la paix avec elle à partir du jour où elle a admis que je n'avais pas menti. Elle m'a formulé des regrets sincères et je lui ai accordé sa demande de pardon.

J'ai analysé certains de mes rêves avec cette professionnelle de l'inconscient par exemple celui du dinosaure :

Je suis dans un avion en train de décoller. Regardant par la fenêtre, je commence à apprécier une certaine sensation de liberté quand je vois des dinosaures volant en direction de l'endroit que je viens de quitter. Prise de panique en pensant aux miens et surtout à mes enfants, je me retrouve tout à coup auprès d'eux à la vitesse d'un éclair. Je me dépêche pour leur trouver une cachette. J'aimerais m'enfermer avec eux, mais je ne trouve que des endroits qui ne peuvent accueillir qu'une seule personne. Face à l'urgence, je dis à Rose en l'embrassant très fort de rester avec son papa en sécurité et pour Tony, je le cache dans un placard, pleine de remords de ne pouvoir rester auprès de lui pour le rassurer. Je lui fais quelques recommandations sécurisantes et le rassure en lui disant que je vais me cacher moi aussi, mais au fond de moi, le plus important, c'est que mes enfants et leur père soient bien planqués. Je me dis que moi, je passe après, car on dirait que je me sens moins vulnérable qu'eux. Comme si moi, j'étais plus forte face au dinosaure.

Ce rêve s'arrête là et il m'a tellement intrigué que je l'ai noté et l'ai ramené à ma psy pour comprendre le sens de ce message qui vient de mon inconscient.

— À quoi vous fait penser un dinosaure ? me demanda-t-elle.

— À un monstre de la préhistoire. Fut ma réponse.

— Vous voulez protéger vos enfants des monstruosités de votre passé…

Paf ! Une révélation, un déclic, une connexion s'est produit dans mon cerveau. Oui, je suis une bonne mère et je protège mes enfants. J'arrête de culpabiliser pour un rien, car je suis effectivement et profondément une bonne mère. Merci à mon cher ami l'inconscient qui n'est pas un con, sciemment.

L'analyse de mes rêves m'a beaucoup enrichie et je me suis trouvée, par ce fait, une réelle passion pour la psychologie.

Lors d'une séance, j'ai évoqué les problèmes de communication que je rencontrais avec Max et sa manière de réagir parfois avec violence. Je me positionnais en victime, mais sa réponse fut inattendue.

— Quelle idée d'énerver quelqu'un alors que vous le savez impulsif !

Je n'ai dans un premier temps pas apprécié cette réflexion. Est-ce de la faute de la femme si elle subit les violences de son mari ? Est-ce que c'est mérité ? Elle pointait du doigt quelque chose que je ne voulais pas entendre, mais après mûre réflexion, je veux bien admettre que je cherche à le pousser à bout. Quand je m'emballe dans la colère, mes limites s'estompent et je suis capable de dire des méchancetés qui ne sont pas faciles à entendre. La communication n'est pas un domaine où je suis à l'aise. Impulsive également, je démarre au quart de tour.

Comment te dire sans qu'on se fâche
ce qui me blesse et qui nous gâche ?
Comment te dire que ça m'énerve
tout en restant sur ma réserve ?
Comment te dire
sans te nuire
que j'en ai marre
de tout ce bazar
Comment te dire
sans t'offenser
ce que je désire
et me fait rêver.
Je n'ai pas toujours les bons mots
pour m'expliquer quand je suis à chaud
et il arrive que je te stresse
en faisant preuve de maladresse.
Je sais que j'exagère
quand je claque les portes

c’est mon sale caractère
et mes émotions fortes

En quittant ma psy, je savais que je n’en avais pas terminé avec cette thérapie, mais je me suis trouvé mille excuses pour arrêter un peu de me charcuter le cerveau. J’ai refusé le traitement qu’elle m’a proposé. J’ai très peu confiance en la médecine et les médicaments. Je préfère les plantes. C’est dame nature qui nous l’offre généreusement.

Aller consulter quelqu’un m’a permis d’avoir de meilleures réflexions. J’ai pu poser des mots sur ce qu’il s’est passé et ses conseils en matière d’éducation m’ont souvent été très utiles. J’avais tout simplement besoin de faire une pause…

Trahison (2004)

Jasmine est née plusieurs années plus tard et nous étions tous les quatre très heureux de l'accueillir dans notre nid. Tony avait huit ans et Rose en avait douze quand notre petite dernière est arrivée. Un beau bébé, qui ressemblait aux deux autres. Petite boule de chair, toute rose a poussé son premier cri et j'ai adoré sa petite voix douce. Nous l'avons accueillie avec beaucoup de joie et d'amour. Elle était paisible et très sage. Je l'ai à nouveau couvée comme les deux autres à la manière d'une louve. Mes deux aînés l'ont très bien acceptée et aimée immédiatement.

Mon doux bébé
Tu n'es que pureté
Ne connaissant que l'amour
Et le velours
Pourtant, mon petit amour
Si tu savais
Que le monde qui t'entoure
Est loin d'être parfait
Tout en grandissant
je te protégerai
et en te regardant
j'y arriverai.
Je n'aimerais pas que tu aies mal
Mais ça arrivera
Et oui, c'est ça la vie

Sois forte ma chérie.
Oh, mon petit bout
J'aimerais tant te protéger
Toujours de tout
Tellement je t'aime mon bébé
Mais mon devoir
Est de t'apprendre à voir
Que partout il y a danger
Et qu'il ne faut pas y aller
Viendra le temps où tu t'opposeras
Car c'est ainsi qu'on devient soi
Et plus d'une fois, ça me blessera
Mais être parent, c'est aussi ça
Puis, tu reviendras auprès de moi
Et je t'ouvrirai mes bras
Je serai toujours là pour toi
Tant que je serai debout
Mon petit bout de choux
Mon enfant, mon amour
Je t'aimerai toujours
Comme au premier jour
Dans du velours.
C'est un amour éternel
Que même la mort n'éteint pas
Et la vie est belle
Quand je la vois comme ça.

L'amour a régné sur notre maison pendant les six premiers mois de Jasmine. Nous formions une belle famille. Max avait son entreprise, je m'occupais du secrétariat pour le seconder. Il avait embauché quelqu'un spécialement pour me former et j'ai pu enrichir mes connaissances en informatique. On aurait pu se compléter, je commençais à m'impliquer de plus en plus dans ce projet, mais là encore, je ne trouvais pas ma place. Il voulait gérer à son idée, fonçant la tête à fond dans ses ambitions. Parfois, je voyais, sentais par intuition qu'il fallait calmer les ardeurs, mais Max n'était pas vraiment à mon écoute. Il voulait réussir, mais réussir quoi ? On ne parlait que du travail, dimanche compris. C'était trop. J'étais dans mon rôle de maman et le fait de devoir mener tout de front me pesait. J'ai tout fait et j'étouffais. Je sentais au fond de moi que je ne m'épanouissais pas dans ce métier de la bureautique, mais je trouvais normal de le soutenir pour le bien de notre foyer.

Puis, l'entreprise a commencé à avoir les reins de moins en moins solides. Il avait beaucoup de mal à se faire payer par les clients. Le stress est donc venu parasiter notre vie tranquille, je n'ai pas vu qu'il commençait à s'égarer. Il passait son temps entre le travail et le bar avec ses camarades de comptoir. Je râlais quand il rentrait, lui reprochant de ne pas être assez présent, je n'avais pas l'art et la manière de lui exprimer mes attentes. Ma maladresse verbale ne nous permettait pas de parler en paix puisque nous avons les mêmes soucis en matière de communication. Les émotions sont plus fortes que la raison, on montait souvent le ton et l'ambiance se dégradait. Un soir, il est rentré plein de whisky en me disant :

— Je fais trop le con en ce moment.

— Et oui, je le vois très bien. Tu traînes tout le temps au bar à boire des coups et dépenser de l'argent par les fenêtres.

— Non, mais là, je fais vraiment le con ! insiste-t-il.

— Qu'est-ce qu'il y a ? tu prends de la cocaïne avec eux ?

— Mais non, quand même pas !

J'ai compris qu'il avait quelque chose à me dire sous la forme d'une devinette.

— Une femme ? ai-je dit.

— Oui. Et si je te dis qui c'est, tu vas me massacrer !

Tombée de haut, il m'a fallu quelques secondes pour atterrir, car je ne le croyais pas capable de me tromper. Il fallait en plus que je devine avec qui. J'ai réfléchi un moment, ai prononcé certains prénoms, mais je n'aurai pas imaginé que ce soit Josépha, la baby-sitter occasionnelle des enfants qui était, à l'époque, âgée de 19 ans. Il a craqué pour une gamine un peu coquine. Il m'a dit qu'il devait lui téléphoner pour lui annoncer que je savais tout. Je l'ai suivi discrètement pour entendre ce qu'il avait à lui dire, comprenant vite qu'il hésitait entre elle et moi. Je me suis sentie blessée par une double trahison. Elle était venue me voir 5 jours avant, je l'avais trouvée un peu curieuse de savoir si mon couple allait bien. J'ai eu la mauvaise idée de lui confier que j'étais lasse de ses absences abusives. Il fuyait un peu trop son foyer, je n'arrivais plus à l'accueillir comme une femme le fait quand elle est heureuse de voir son mari rentrer à la maison. Il était certainement agacé de me voir trop mère, plus du tout assez femme. Moi qui l'avais trompé par le passé, j'aurais pu me dire que l'on était quitte. Je n'ai pas supporté qu'il se venge maintenant qu'on avait fait notre troisième enfant.

Les événements ne nous ont pas permis de passer le cap. Je l'ai donc rejeté, il est parti la rejoindre.

Il passait souvent à la maison pour vérifier la température, j'étais très agressive, montrant une facette de moi que je n'aime pas. Ma haine était hyper forte, ma méchanceté à son maximum. Il disait qu'il ne voyait plus Josépha. Je lui en voulais tellement, je n'arrivais plus à être gentille avec lui.

Une semaine plus tard, je me réveille avec un rêve que j'ai fait dans la nuit et qui m'obsède toute la matinée. Quand je m'en souviens aussi fortement, c'est le signe qu'il se passe quelque chose. Une petite voix intérieure insiste pour m'adresser un message.

Je vois Martine, la coiffeuse du village, accoudée au bar du café en train de parler à Max :

— Qu'est-ce qu'il t'a pris de sortir avec une gamine, si tu veux une aventure extraconjugale, pense à moi.

Puis, ils partent main dans la main et mon rêve s'achève là.

Quand Max est venu nous rendre visite en fin de matinée, je lui ai raconté mon songe nocturne :

— J'ai rêvé que tu me trompais avec Martine.

Il m'a subitement regardé et a dit :

— Tu es un peu voyante sur les bords.

Sur le coup, je ne l'ai pas pris au sérieux. Il me disait cela pour tenter de me rendre jalouse ou je ne sais quelle manipulation. Je ne l'ai pas cru.

Quelques jours plus tard, alors qu'il était parti en déplacement, j'ai croisé Martine. Elle m'a dit qu'elle avait besoin de me parler. Je lui ai proposé de venir manger à la maison. On a bu un, puis deux, puis trois verres de vin blanc et sa langue s'est déliée. Un peu rusée, j'ai les moyens de faire parler les gens.

Devant ma tolérance, elle fut à l'aise pour me dire leur coup de foudre et que maintenant, elle pouvait l'avouer à son mari. Je lui ai demandé de prendre soin de lui et de l'aimer comme je n'avais jamais su le faire. Elle fut très étonnée par ma réaction pleine d'amour et de tolérance. C'était oublier que le vin avait fait son effet et que j'allais atterrir après l'avoir cuvé. Elle a appelé Max devant moi pour lui dire que j'étais informée de leur union. Il y avait le haut-parleur et j'entendais Max qui voulait connaître ma réaction. Elle a dit que j'acceptais et que c'était super. Martine lui dit qu'elle l'embrasse très fort et j'eus l'impression de rêver. Normal ! J'étais ivre. On a bu deux bouteilles à deux.

Elle est rentrée chez elle, nous nous sommes quittées comme deux amies sincères. J'ai même pleuré en lui disant que j'espérais qu'elle lui apporte tout le bonheur que je n'ai pas su lui donner. L'alcool, ce soir-là, m'avait plongé dans le pays de l'amour inconditionnel. Au moment d'accompagner Tony au lit, il m'a dit :

— Papa, c'est un salaud !

Je lui ai répondu :

— Non, il ne sait plus où il en est, mais ce n'est pas un salaud.

Je ne voulais pas que mon fils ait une mauvaise image de son père. Le lendemain matin, à mon réveil, ma tolérance était partie. J'avais quitté le pays des bisounours, la réalité m'est tombée dessus très violemment.

Quand je pense à ce rêve, où je vois Max avec Martine, je peux, par déduction, le qualifier de prémonitoire. J'ai l'impression d'être accompagnée par une force subtile qui guide mes pas et m'aide à ressentir les choses.

Dotée d'une intuition bien aiguisée, j'allais en avoir besoin pour surmonter la tempête que je m'apprêtais à traverser. Ma santé mentale avait pris un gros coup et mes émotions prenaient de l'ampleur à mesure que mes souffrances hurlaient. Colère, tristesse, remords, rancœur, haine, amour, je ressentais tout avec une puissance décuplée et incontrôlable. Tout ce que l'on projetait comme des gens devenus raisonnables n'existait plus.

Il était avec elle tous les jours pendant que je devais continuer à gérer les enfants.

Un soir, je prends mon téléphone pour appeler Max et lui exprimer ma colère. Je suis déchaînée, j'ai envie de le frapper. La violence qui sort de moi me fait l'effet d'une bombe qui vient d'exploser. Continuer à m'occuper des enfants dans cet état me paraît insurmontable. Envie de me noyer dans l'alcool, de me détruire les neurones pour ne plus penser que je n'ai pas réussi à satisfaire mon mari sexuellement, car, c'est évident, il était en demande et moi, je n'avais jamais envie de lui. Un homme est un homme. Merci, papa, vraiment, tu as gâché ma vie de femme.

Devant mon état, Max arrive à la maison. Je lui demande de gérer nos chérubins pendant que je vais marcher un peu pour décompresser. Quand je sors de chez moi, mes yeux se posent sur la voiture de Martine. Elle lui prête son véhicule. Leur liaison est donc bien installée, ça me fait un mal terrible. Regardant ce tas de ferraille mobile, mon côté obscur me donne l'envie de le détériorer. La raison a beau me dire le contraire, le whisky que j'ai bu préfère écouter le mal et je raye tout le tour du véhicule avec une pierre qui se trouve à proximité. Je vais devant son salon de coiffure, j'arrache tous les géraniums qu'elle avait pris soin de faire pousser. Je ne me reconnais pas. Cette colère explosive exprime ce que j'ai toujours accumulé sans le dire. J'avais mis une soupape de sécurité pour que l'ébullition se fasse en douceur, mais cette trahison vient de tout faire sauter d'un coup. Je sens que la folie me gagne, je ne connais pas ce côté de moi. Je me fais peur. La douleur est si intense que je n'arrive pas à la contrôler. Il faut que je la regarde en face, car je sais bien qu'elle est là pour me dire des choses. En fait, je n'ai jamais vraiment réglé mon problème. Ma vie d'aujourd'hui dépend de mon passé non réparé. Impossible de continuer à vivre de cette manière.

Cette prise de conscience m'a donné la volonté de reprendre ma vie en main, ainsi, j'ai décidé d'aller voir mon père. Je tenais absolument à le faire un jour avant qu'il meure. Ce n'était peut-être pas vraiment le moment idéal pour mes nerfs qui étaient déjà à vif, mais j'ai choisi de me faire violence : ou bien ça passe, ou bien, ça casse. La limite du supportable s'arrêtait là pour moi. Le silence criait trop fort dans mon quotidien.

Quelqu'un a endommagé le véhicule de ma vie il y a fort longtemps et je suis non seulement cabossée, mais en plus, il n'y a plus de pilote. À la place du passager depuis le choc de mon enfance, ma vie ressemble à une longue errance et il faut que cela cesse. Mes enfants sont également embarqués dans le véhicule et je nous vois tous en danger si je ne reprends pas le volant.

La confrontation (2005)

Les bandes blanches défilent sur l'autoroute à mesure que mes pensées circulent dans ma tête. Impossible de faire marche arrière, mon objectif est proche, mais je tremble et ma respiration est saccadée. Je me prépare psychologiquement au grand examen de passage. Le passeport d'une vie à une autre. Ça me rappelle un film que j'avais regardé avec lui et que nous avions beaucoup aimé. Ça parlait d'un petit garçon qui libère son père de l'emprise de la mort. Ma démarche y ressemble un peu, en libérant la parole, s'il m'exprime ses excuses, je le libérerai peut-être aussi de son mal...

Ma vie de couple et de famille est déchirée. Je n'ai pas la sensation d'être une femme qui s'accomplit. Quelque chose me manque. Mes enfants sont en souffrance. Je rencontre de grosses difficultés dans mon quotidien pour gérer leurs comportements. Ils sont pourtant tout pour moi. C'est aussi pour eux que je fais cette démarche. Il leur faut une maman qui va bien.

Ne connaissant pas mon vécu, je leur ai expliqué que je partais trois jours. J'avais des choses à régler dans la famille. Ils connaîtront mon histoire plus tard quand j'en estimerai le moment venu.

La musique me sauve. Je profite de ce moment où je me retrouve seule en voiture, pour chanter à tue-tête. Ça me défoule, me procure du bien-être. Je suis certaine que la musique et ses vibrations ont un effet bénéfique sur notre être tout entier.

Aujourd'hui, je chante ma libération. C'est moi qui conduis le véhicule qui me rapproche de la petite fille qui crie encore en moi. Oui, je suis là pour elle. Je ne serai pas femme tant que cette petite fille pleurera. Non, je ne l'ai pas abandonnée. Je reviens la chercher parce qu'on me l'a volée. Mes trente-six printemps réclament la paix. La petite fille qui protégeait son père a grandi et la victime qui se sentait coupable est en train de mourir. Je ne suis pas complice de ses cachotteries, je n'ai jamais voulu l'être. J'ai été manipulée par un homme qui m'a donné son sang. Il m'a coupée en deux, je pars à la rencontre de mon autre moitié. C'est-à-dire ma dignité, mon innocence, mon amour propre. Ma vie m'appartient enfin, quoi qu'il arrive à partir de maintenant.

Cet homme n'est jamais passé devant les tribunaux. C'est normal, puisque je n'ai rien dit. Alors il a continué sa vie avec Sylvette. Le jugement est tombé cinq ans après leur union : il a fait une rupture d'anévrisme. Paralysé du côté droit, il a perdu les moyens de s'exprimer. Quand Sylvette m'a téléphoné pour m'annoncer la nouvelle, je me souviens qu'elle a dit : « Nous étions trop heureux, ça ne pouvait pas durer ».

Avec la rééducation, il a retrouvé une légère mobilité avec sa jambe. Il peut dire quelques mots comme : oui ou non. Sa main droite est en revanche restée totalement paralysée.

Comme si tout avait toujours été normal, j'ai continué à aller le voir environ une fois par an. Sylvette ne se doutait de rien concernant le passé de l'homme qu'elle aimait. Je me retrouvais rarement seule avec lui, mais à un moment, lors de mes rares visites, nous nous sommes retrouvés tous les deux sur la terrasse. Il m'a montré sa main paralysée. Voulait-il que je le plaigne ?

Quand mes yeux se sont posés sur cette main, j'eus un désagréable flash-back. Cette main aux ongles longs, durs et carrés m'a fait du mal. Et si c'était une punition. ? Le mal qu'il a fait lui est-il retombé dessus ? Ou alors, peut-être qu'il s'est puni tout seul. J'ai tendance à croire que nous sommes capables de nous rendre malades tout comme nous le sommes pour nous auto guérir. Nos pensées sont créatrices et j'ai envie de me dire qu'il s'en est voulu. A-t-il pris conscience de certaines choses en vieillissant tranquillement avec Sylvette ? J'aimerais tellement un oui…

Suite à ce flash, il m'a pris d'un coup, l'idée de lui poser une question :

— Est-ce que tu te souviens de tout ton passé malgré cet accident cérébral ?

— Oui, oui, oui ! me répondit-il avec son assurance d'homme qui n'avait pas perdu la mémoire pour autant.

J'ai plongé mes yeux dans les siens. Il y a eu une pause. A-t-il lu dans mes pensées comme je le souhaitais ? Je crois bien que oui, car il m'a tourné le dos. Je l'ai regardé partir avec sa canne. Arriverais-je un jour à crever l'abcès ?...

C'est tellement dur à dire
Qu'elle a voulu écrire
Le trop-plein de sa peine
Pour l'exprimer quand même
Elle a besoin d'écrire
Ce qu'elle ne peut crier
Et qu'elle n'a pas pu dire
Par peur d'être jugée.
Il a brisé son enfance
Elle qui avait confiance
Elle était sans défense
À grandir dans le silence
Il était tout pour elle
Un guide, un roi, un modèle
Croyant encore au père Noël,
Quand le diable est tombé du ciel.
Il a ôté son pyjama
Alors qu'elle dormait déjà,
elle ne savait pas ce qu'il faisait là

Mais sentait bien qu'on n'a pas le droit.
C'est un grave délire
Sur un corps poupée de cire
L'objet de son désir
J'en ai envie de vomir.
Il a brisé son enfance
Sans aucune défense
elle lui faisait confiance
Il n'avait pas conscience
Aujourd'hui c'est une femme
Avec des bleus à l'âme
Alors elle fait du slam
Pour garder tout son calme.
Elle a besoin d'écrire
Tout ce qu'elle n'a pas pu dire
Pour arrêter de souffrir
Et arriver à vivre
Elle a trois beaux enfants
Il serait donc grand temps
Qu'elle regarde droit devant
Mais ce n'est pas évident
Elle ne sait pas se faire respecter
Parce que chez elle, ce n'est pas inné
La violence est une banalité
Elle y est tellement habituée
Pour voiler sa détresse
elle cherche la tendresse
le bon Dieu l'intéresse
pour grandir en sagesse
Elle sait donc sourire
Malgré les mauvais souvenirs
Et apprend à rebondir
ses enfants, son avenir.

Cela faisait sept ans qu'il était handicapé, je me trouvais sans pitié. Plus rien ne m'arrêterait, je ne pensais plus qu'à moi. L'idéal aurait été que ma belle-mère n'écoute pas. Je lui ai pourtant demandé de me laisser parler avec mon père seul à seul. Elle a refusé, prétextant être sa tierce personne. Estimant que sa présence était nécessaire, elle a ajouté que, de toute façon, ils se disaient tout. Cela m'étonnerait qu'il lui ait parlé de ce qu'elle allait entendre...

Elle m'a invitée à entrer dans la cuisine où mon père est si souvent assis. Je me suis approchée de lui et je l'ai embrassé pour lui dire bonjour de manière plutôt gentille. Mon visage n'a pas aimé toucher cet homme. Toutes mes cellules et tous mes sens se souviennent des agressions que cet individu a commises sur ma personne. Son épiderme gras a tout à coup réveillé ma mémoire traumatique. J'ai dû la faire taire, mais en sortant de chez eux, j'avais encore ce goût et dégoût collé à ma peau. Il me salit encore à chaque fois que je l'embrasse.

Assise à la gauche de cet homme qui est mon père, le côté du cœur, ce n'est pas fait exprès. J'étais là avec de bonnes intentions : faire de visite un appel à la paix. La paix pour moi, mais aussi pour lui, car, s'il m'avait exprimé ne serait-ce qu'un soupçon de regrets, ça nous aurait apaisé tous les deux.

Sylvette m'a servi à boire, ce qui m'a permis de reprendre mes esprits. Elle est allée s'asseoir en face de lui. Elle m'a posé quelques questions pour avoir des nouvelles de mes enfants, je savais pertinemment que ce n'était qu'une forme de politesse. Au fond, Sylvette se fiche bien de mes enfants et c'est une manière bien hypocrite pour quelqu'un qui ne se manifeste jamais auprès d'eux. Ni un coup de fil ni une carte postale n'arrivent à nous. Abonnés absents de la famille. Et pour Noël, n'en parlons pas. Raison de plus pour me dire que, si la suite de la discussion s'envenime, même mes enfants n'y perdraient rien. Je suis d'ailleurs très satisfaite d'avoir épargné à mes enfants ce que leur grand-père aurait peut-être osé faire sur eux...

J'ai donc parlé à mon père, devant sa tierce personne, cela m'a coûté davantage. Elle tenait la place d'un juge à mon égard, se faisant aussi l'avocat de mon père. Mais j'étais sûre de moi. Rien à perdre et tout à gagner. J'allais défendre ma peau, ma vérité et ma réalité. Je ne devais pas rater cet entretien, ce n'était même pas envisageable. J'étais sur le point de gagner un passeport pour une autre vie. La vie de ceux qui sont bien dans leur peau et libres dans leur tête.

— Qu'es-tu donc venue dire à ton père ? me dit-elle tout à coup.

J'ai pris une grande bouffée d'oxygène et mon courage à deux mains tout en m'efforçant d'avoir un peu de compassion pour lui. Ce n'est pas lui qui m'a appris le respect, mais je ressens une grande empathie pour les plus faibles. Lui compris.

Mon regard s'est posé sur cet homme, mon père.

— Je suis venue te parler de l'homme que tu as été, que tu n'es peut-être plus maintenant, mais j'ai besoin que tu saches et que tu entendes que tu m'as fait beaucoup de mal. Ça me pose des problèmes dans ma vie de femme encore aujourd'hui parce que mon corps s'en souvient.

— Tu n'as tout de même pas eu de rapports sexuels avec ton père ! me dit-elle subitement.

J'aurais pu perdre tous mes moyens à cette question. La formule du « tu » qui tue laissait sous-entendre un éventuel soupçon de consentement de ma part. Je me suis sentie légèrement insultée. Culpabilité et honte montraient le bout de leur nez. Je connais bien ces sentiments. Ils me poursuivent depuis toujours. Depuis le jour où cet homme a posé ses mains impures sur mon corps vierge et naïf. Et c'est justement pour chasser à tout jamais ces poisons émotionnels, que j'étais chez eux ce jour-là. Je venais déclarer mon innocence. Une petite fille aime son papa. Elle l'idéalise. Il n'y a aucune théorie de la séduction possible. Freud s'est très certainement lourdement trompé avec son principe sur le complexe d'œdipe parce qu'il évacue presque totalement la responsabilité de l'adulte. Il est passé à côté d'une vérité qui a été source de beaucoup de souffrances. Un enfant ne réclame pas du sexe parce qu'il ne le conçoit ni dans son corps ni dans son esprit.

Avec les copines, on faisait des spectacles de danse devant les parents. De quelle manière me regardait-il ? Quelles étaient les ambitions qu'il entrevoyait pour mon avenir ?

Il regardait peut-être sous mes jupes quand je faisais des cabrioles dans l'herbe, pour voir ma culotte plutôt que d'observer mon potentiel et mes capacités physiques. Je me sens sale de ce regard qu'il a eu sur moi. Mais je n'y peux rien, je n'étais qu'une enfant.

Je faisais partie d'un club de majorettes.
On maniait la baguette
et faisions des compêtt.
Nous avions des petites jupettes.
Il a dû s'en rincer les mirettes
jusqu'en dessous de la braguette.
Allez, j'arrête.

J'ai considéré la maladresse de sa question comme une perche qu'elle me tendait pour amener la conversation dans le vif du sujet.

— Non, ai-je répondu ! Mais il y a eu des attouchements sexuels.

Ça y est c'était dit ! Enfin dit ! La délivrance, le soulagement ! Quoi qu'il se dise par la suite, je l'avais enfin dit. J'ai lancé les faits en ne regardant personne, de manière calme et détachée. Les mots sont arrivés sur la table comme ils venaient, avec toute leur intensité. Je crois même que je les ai entendus raisonner dans la pièce. Ça fait un son qui dérange les oreilles, le cerveau a besoin d'un temps pour s'en remettre.

— Ah ! me dit-elle d'un ton presque rassuré.

Dois-je entrer dans les détails afin de poser les bons mots pour dénoncer les vrais gestes ? Quelle différence y a-t-il entre attouchement et pénétration ? Quel genre de pénétration ? Avec les doigts, le sexe, un objet... ? Qu'est ce qui est le plus et le moins grave ?

(À l'époque, je me suis trompée de terme. Il m'a bel et bien violée puisque tout acte de pénétration est considéré comme un viol. Je ne le savais pas encore.)

Je me souviens de la première fois. Ça ne faisait que quelques semaines que j'avais appris que l'histoire du père Noël était un gros mensonge et qu'en plus, je devais garder ce secret pour moi et ne pas le révéler à ma fratrie.

Ma mère était hospitalisée pour une appendicite. Plus tard, j'ai pu retrouver l'âge que j'avais grâce à la date de cette opération : sept ans et demi.

C'était la nuit. Gémissant dans mon sommeil, j'étais en train de faire un cauchemar. Enfermée dans une caisse, j'entendais mes parents qui marchaient autour. Je voulais les appeler, mais aucun son ne sortait de ma bouche. Je n'avais plus de voix.

Mon corps était à l'envers dans mon lit, la tête à la place des pieds. Je manquais d'air et avais très chaud quand je l'ai entendu m'appeler. Sa présence m'a rassurée. C'était un mauvais rêve. Il m'a pris dans ses bras et m'a transporté dans la chambre des parents. J'ai tout de suite trouvé ça bizarre, car je n'avais jamais mis un seul pied dans leur lit. Il me semblait pourtant que les enfants n'y étaient pas les bienvenus. J'ai pensé qu'il voulait me rassurer, mais il n'avait aucune notion de tout ça. Il avait son idée derrière la tête peut-être même depuis longtemps. Il a enlevé ma chemise de nuit encore imbibée du cauchemar duquel il m'avait sorti. Et j'ai compris que quelque chose ne tournait pas rond. Il me prenait pour sa femme. Je savais très bien que ce qu'il faisait concernait le monde des adultes. Par intuition ou dans l'inconscient, l'enfant sait. Ce qu'il a fait ensuite était tellement intenable que j'ai quitté mon corps pour la première fois. C'est à partir de cette nuit-là que mon âme s'est détachée d'une certaine réalité afin de ne pas ressentir l'insupportable et ainsi éviter la folie mentale. Je sais que j'ai oublié les détails de ce qu'il a vraiment fait, et ma foi, tant mieux… je suis allée au pays des êtres qui n'ont plus de corps physique. Savait-il que je ne dirais rien ? Me l'a-t-il demandé ? Impossible à savoir. Est-ce que j'ai vu son sexe ? M'a-t-il demandé de lui faire des choses ? Ai-je fait plus de choses ? Que s'est-il vraiment passé ? Impossible de le savoir non plus. Ça s'appelle l'amnésie traumatique.

C'était une nuit de février
Papa est venu me réveiller
J'étais en train de faire un cauchemar
Une sorte de rêve prémonitoire

Puis il m'a prise dans ses bras
Pour m'emmener dans son lit
Maman n'était pas là
Elle travaillait la nuit

Je venais de comprendre
Que le père Noël n'existait pas
Quand il a osé m'apprendre
Des choses qui ne se font pas.

Il a touché à mon intimité
Avec sa bouche, avec ses doigts
Ça fait comme des coups d'électricité
On ne peut pas rester en soi
quand on subit l'impensable
et que c'est trop insupportable
il n'y a plus de connexions
ça s'appelle la dissociation.

Le lendemain, il chantait une chanson qui disait : « Je suis amoureux de ma femme » et moi, j'ai fini par lui chanter : « Je suis amoureux de ma fille ». À son regard, j'ai vu qu'il était très embarrassé. Ça représentait un danger pour lui que je chante ça. Peut-être a-t-il pensé que je risquais d'en parler à quelqu'un. Son regard disait plein d'inquiétudes et je crois que c'est là que j'ai compris que je devrais me taire pour ne pas causer d'ennuis à mon papa. Il ne m'a rien dit, mais je l'ai lu dans ses yeux.

Combien de fois m'a-t-il violée ? Je ne les ai pas comptées. Peut-être que si ça n'était arrivé qu'une fois, j'aurais mis ça sur le compte de mon imagination, ou j'aurais conclu que ça n'avait pas existé. J'aurais été moins sûre des faits, moins sûre de moi. Mes souvenirs sont malheureusement bien trop vivants pour douter. Il me sortait de mon sommeil et de mes rêves d'enfant. Je devais aller à l'école le lendemain, mais mon équilibre ne lui importait guère. Il m'emmenait dans son lit, le territoire des adultes. Parfois, c'était sur le canapé du salon. La télé restée allumée, j'essayais de m'y intéresser afin de trouver une issue de sortie à mon esprit, mais les signaux de détresse, que mon corps envoyait à mon cerveau, étaient plus forts. Je cherchais inlassablement la technique mentale qui me permettait de ne plus sentir mon corps et j'y arrivais.

Parfois, ça se passait dans mon lit directement. Il était peut-être trop saoul ou bien trop pressé et ne perdait pas de temps à me déplacer ces jours-là. Moi, la poupée de chiffon, il pouvait bien me trimbaler, de toute façon, j'étais muette et inerte. Il enlevait ma chemise de nuit et je savais que ce qui m'attendait allait m'être encore insupportable. Mon corps allait être un objet, un outil, une attraction pour lui. J'essayais de fuir dans ma tête et tout en silence. J'essayais de faire abstraction de ma chair, que ma tête s'envole loin et que je ne sente plus rien, comme quand on est mort.

Sa langue voulait attraper la mienne et je serrais les dents pour l'en empêcher. Son haleine alcoolisée me donnait envie de vomir et je m'empêchais de respirer pour ne pas m'en imprégner. Je ne voulais ni sentir ses doigts, ni ses ongles trop longs qui me faisaient mal dans mon petit vagin. Je voulais encore moins sentir sa langue sur mon clitoris de petite fille. Mon corps n'avait pas la maturité et je n'avais aucune idée de l'existence de cet organe qui, je l'ai appris plus tard, est destiné au plaisir sexuel féminin. Cette zone de mon corps me parut effectivement sensible, mais ce ne fut pas pour me donner accès à la jouissance comme il se l'est peut-être imaginé. J'avais l'impression de recevoir des coups d'électricité. Il a volé mes endroits secrets et sacrés en pratiquant une excision mentale. Comment peut-on se poser la question du consentement ? Est-ce qu'un enfant est d'accord avec le fait que son équilibre affectif et sexuel soit endommagé pour le reste de sa vie ?

Habiter mon corps à ces moments-là était indescriptiblement désagréable. Je devenais un pantin désarticulé que l'on manipule aisément et mon âme menait un combat ; celui de garder la tête froide ou bien de gagner la folie. Il n'y a pas de mot pour expliquer, l'état dans lequel je me trouvais. Je ressentais une sorte d'énervement intérieur qui bouillonnait de résistance et de rage, mais aucun mot ne pouvait sortir de ma bouche. J'étais figée et muette. Le temps s'arrête, je devenais spectatrice. Plus rien ne pouvait m'atteindre quand je passais le seuil de l'indéfinissable malaise dans lequel il me faisait tomber. Je n'ai jamais pu lui demander de me laisser tranquille, ne serait-ce que pour qu'il me laisse tout simplement dormir. Je ne sais pas d'où me venait cette idée que si je me rebellais contre ses actes, il penserait que je ne l'aimais pas. Loin de moi l'envie de faire de la peine à mon papa, j'ai supposé qu'il avait raison de faire ça. Les adultes n'ont jamais tort aux yeux des enfants. C'est ainsi qu'il a manipulé mon esprit et que je me suis laissé subir l'impensable, impossible à panser.

Il m'a fallu de longues années pour réussir à me pardonner à moi-même. Je me suis laissé faire parce qu'il avait de l'emprise sur moi et que, lors de ses actes, mon cerveau a libéré des hormones qui m'ont anesthésiée. Le problème est qu'il faut toute une vie pour se réapproprier son corps dans le respect et l'amour de soi.

— Non, non, non ! m'a-t-il crié. Tout en regardant Sylvette en faisant des signes avec sa main gauche. Il mimait la gifle qu'il m'aurait bien collée.

— Si, si, si ! Moi, j'ai dû faire une thérapie et mon corps s'en souvient. Si je suis là aujourd'hui, c'est pour vider mon sac une bonne fois pour toutes, car j'ai une vie à vivre au mieux pour mes enfants et moi.

Je commençais à hausser le ton tout en gardant en tête l'importance de me contrôler à chaque instant. Lui, il a fait signe à Sylvette de me mettre à la porte. Ça m'a fait un peu mal sur le coup, car il me rejetait. Il mettait sa fille dehors comme une malpropre. J'aurais espéré au fond qu'il réagisse différemment. Qu'il entende et prenne en considération le mal qu'il m'a fait. J'aurais eu besoin, dans l'idéal, qu'il reconnaisse les faits ainsi que ses torts.

Son handicap compliquait les choses puisqu'il ne s'exprime plus qu'en pleurant ou riant. Il pouvait dire « oui » ou « non » et mimer avec des gestes. À cet instant même, il criait. La présence de Sylvette parasitait la conversation, je n'avais pas vraiment affaire à lui, entièrement. Il préférait fuir en m'expulsant de chez lui tout en m'humiliant. Sylvette a proposé de me laisser encore cinq minutes. Je me suis sentie respectée dans mon besoin d'expression tout en notant une certaine forme de solidarité féminine.

— Et pourquoi es-tu allée vivre avec ton père quand tes parents ont divorcé alors, puisqu'il t'a tant embêté ? me demanda-t-elle.

— Parce j'avais peur que mon père rechute dans l'alcool en se retrouvant seul. Je savais qu'il était très malheureux de divorcer et j'ai voulu faire l'infirmière de mon père. Toi, tu as pris la relève après moi ! Elle l'a regardé et n'a rien répondu.

Quand mes parents ont divorcé, j'étais âgée de quatorze ans et en plein conflit avec ma mère. Mon père s'était fait désintoxiquer depuis deux ans. Il ne buvait plus une seule goutte d'alcool et était devenu un autre homme avec un comportement plus responsable par rapport à son rôle de père. Il faisait partie d'une association pour alcooliques anonymes et nous expliquait le phénomène de la dépendance. Il donnait des cours et a fini par devenir président de l'association. Son engagement à aider les autres l'aidait aussi, je suppose, énormément. Il était si différent que je me souviens m'être souvent demandé si on ne nous avait pas un peu bluffés. Peut-être que cet homme du passé n'était pas notre vrai père. On les avait certainement échangés ou bien c'était son sosie, mais ce n'était pas lui. Son visage était beaucoup moins marqué. Il avait les traits plus nets. Mon père était devenu beau après l'alcool. Mais, ma mère l'a quitté quand même, car elle ne l'aimait plus. Il avait certes changé, mais elle n'a pas réussi à passer sur le temps où il n'était plus qu'une épave. Il lui est arrivé d'avoir à le laver quand il faisait ses besoins sur lui à force d'ivresse. Elle était agacée par le fait que l'entourage mettait à présent son mari sur un piédestal. Il était devenu un héros pour tous. Je comprends aujourd'hui qu'il y a des choses dans la vie sur lesquelles on ne passe pas l'éponge, mais à l'époque j'en voulais à ma mère de laisser tomber mon père.

J'ai donc décidé qu'il valait mieux que je reste auprès de lui, car il serait ainsi moins seul et moins tenté de rechuter dans l'alcool.

C'est là que j'ai vraiment appris à le connaître. Nous parlions de politique et de ce qu'il se passait dans le monde. J'étais attirée par le communisme, il me mettait en garde, il disait que la politique est comme une secte. Je le voyais parfois écrire des poèmes sur la solitude exprimant ainsi sa douleur d'avoir perdu la femme de sa vie. On a même appelé les esprits ensemble. À l'époque, je m'amusais à le faire avec des amis et il était curieux à ce sujet. J'ai découvert un homme qui s'intéressait aux phénomènes paranormaux. Pourtant, il disait ne croire en rien, quand j'évoquais avec lui l'idée du bon Dieu, ça le mettait presque en colère.

La journée, il travaillait à l'usine et le soir, il passait le reste du temps devant la télévision, assis, les jambes croisées tout en se tirant la moustache. Il fumait cigarettes sur cigarettes et a très vite accepté que je devienne également addicte au tabac en me fournissant de quoi salir mes poumons. Nous regardions des films ensemble à la veillée du soir, assis l'un à côté de l'autre sur le canapé. Il avait une attitude correcte et je ne ressentais aucun malaise à ce moment-là. C'était un père normal comme tous les autres. Il m'avait offert un gros nounours panda que je rêvais d'avoir à l'occasion de mes dix-sept ans. Je dormais avec tout en étant consciente que je recherchais ainsi une partie de l'enfance que je n'ai pas eue.

Je le savais très triste, mon père n'était pas quelqu'un qui souriait beaucoup à la vie. C'est sûrement quelque chose qu'il traînait depuis longtemps. Je connais quelques bribes de son histoire pour l'avoir beaucoup interrogé.

Il est né en 1943, en France, pendant la guerre. D'une mère Italienne (ma grand-mère adorée), mais elle était fille-mère et à l'époque, c'était très mal perçu. Je suppose que tout petit, les gens regardaient ce berceau et l'enfant de manière négative. Il a sûrement ressenti tout bébé une honte qui flottait autour de lui... Puis, ma grand-mère s'est mariée avec mon grand-père de cœur quand mon père avait trois ans. Ils ont toujours gardé tabou et secret, les véritables origines de mon père. Mais une de ses tantes lui a révélé la vérité quand il avait une douzaine d'années. Il a dû être choqué par cette nouvelle foudroyante, mais il n'a jamais abordé le sujet avec ses parents. À l'époque, on ne communiquait pas comme aujourd'hui et puis je sais qu'il aimait beaucoup son père de cœur qui lui avait donné jusqu'à son nom. Il n'a donc jamais abordé le sujet sur ses origines réelles pour ne pas contrarier ses parents. C'est curieux, car je me dis que lui aussi, il a voulu éviter de parler des choses taboues de son époque. Il s'est tu pour ne pas contrarier son entourage. Ça me rappelle quelque chose... Les choses se répètent de manière déguisée.

J'aimerais pourtant bien la connaître, l'histoire de ma grand-mère. Le père biologique était originaire de la Calabre. Est-ce que ma grand-mère a aimé cet homme ? On ne sait rien. Son père, un Italien, l'a mise à la rue quand il l'a sue enceinte. Elle avait vingt-cinq ans. En souffrance, j'imagine qu'elle a énormément couvé mon père. Ma mère s'est toujours plainte de la relation trop fusionnelle qu'il entretenait avec sa maman. J'irai même jusqu'à dire que si mon père est tombé dans l'alcool, c'est parce qu'inconsciemment, il retrouvait peut-être l'état de béatitude qu'il avait connu nourrisson avec sa mère. C'était un adulte physiquement, mais il avait une espèce de pathologie qui le maintenait dans l'enfance.

Ce qui ne l'excuse pas d'avoir brisé la mienne. Je me souviens de la manière dont il me réveillait le matin lors de mon adolescence. Il avait les mains baladeuses et pourtant il ne buvait plus. Mais comme j'étais plus grande, je ne me laissais plus faire. Dès que j'entendais la porte de ma chambre s'ouvrir, je me tournais sur le ventre et je barrais la route de mes seins avec mes bras. Je manifestais vocalement mon agacement et il repartait, l'air vexé. Il me prenait pour sa femme en me réveillant le matin. Mais je savais que j'avais bien raison de le repousser. Âgée de quatorze ans, je ne me laissais plus faire. J'ai appris à me protéger un peu. Puis, je me levais, j'allais déjeuner avec lui comme si rien ne s'était passé et c'était le même scénario chaque matin avant d'aller à l'école. Par ailleurs, il ne supportait pas que je puisse avoir un petit copain. Quand je sortais le week-end, il me disait :

— Tu vas encore me laisser tout seul comme un con !

Il me culpabilisait, je sortais quand même, je m'amusais bien. J'ai toujours eu du caractère et Dieu merci, car c'est, je pense, ce qui m'a sauvé et me sauvera encore.

Je me suis donc fait une vraie adolescence, faite de flirts, de copines et d'amour avec les garçons de mon âge. Les jeux de la séduction n'ont très vite plus eu de secret pour moi. Je crois même que je suis devenue une ensorceleuse et j'ai d'ailleurs souvent fait du mal aux garçons et aux hommes que j'ai rencontrés. Pleine de paradoxes, je rêvais de l'amour qui sublime, mais quand on m'aimait, ça me faisait peur et je fuyais.

Puis, mon père a rencontré Sylvette, il était amoureux. Je ne crois pas l'avoir mal pris, car c'était plutôt bien pour lui comme pour moi, mais j'ai vite compris qu'elle avait un gros pouvoir sur lui. Connaissant mon père, il allait perdre encore son latin et le peu de caractère qu'il avait. L'avenir m'a confirmé mes intuitions quand, par exemple, il s'est mis à nous donner de l'argent de poche en disant que Sylvette ne devait pas le savoir. Il faisait peut-être aussi ce geste pour acheter mon silence. Il est donc parti vivre chez elle en janvier 1989. J'avoue qu'au début ça m'a fait drôle. Je n'étais plus le centre de son monde et elle n'était pas du tout aimable. Elle nous donnait l'impression à mon frère, ma sœur et moi, d'une méchante belle-mère qui voulait bien le mouton, mais pas les agneaux. Elle n'a jamais reçu Tanguy et Margot chez elle, un week-end sur deux, et nous a toujours laissé l'impression amère que nos visites chez elle devaient être courtes et pas trop mouvementées. Mon frère et ma sœur venaient donc dans l'appartement où je suis restée, car il a continué à payer le loyer de l'appartement, jusqu'à la fin de mon contrat « T.U.C. » qui aboutissait en juin 1989. Il m'avait bien prévenu qu'après, je devrais me débrouiller. Alors, sur le coup j'ai pensé qu'à son tour il me laissait seule comme une conne.

Puis, j'ai rencontré Max en avril et tout est allé très vite. Il m'a proposé une autre vie. Partir habiter dans le sud, au soleil où il y avait déjà ma mère. Et j'ai accepté.

— Tu sais Papa, j'ai quand même de l'affection pour toi et tu as bien de la chance que je t'appelle encore ainsi.

Là, il m'a regardé, j'ai vu que ça l'avait touché.

Après tout, c'est quand même mon père, je ressens effectivement de l'affection pour une partie de lui et lui aussi d'ailleurs, pour moi à sa manière…

Je ne peux pas nier ce que je ressens. Comment pourrait-il en être autrement ? Je suis faite de son sang.

J'ai grandi auprès de lui. Il m'a prouvé par ailleurs qu'il m'aimait. Suis-je coupable de l'aimer malgré tout ?

Avoir de l'affection quand même, c'est nourrir et soigner l'arbre généalogique dans sa sève et la sève est à l'arbre ce que le sang est à l'homme. J'ai le sentiment que je dois nourrir cette sève d'amour ou en tout cas de paix pour qu'elle circule dans chaque branche qui en découle, c'est-à-dire ma descendance…

Sachant qu'on ne m'accordait que peu de temps, j'ai repris de plus belle :

— Je sais que tu es très gêné devant Sylvette, mais tu dois te sentir concerné quand on parle de pédophilie à la télé et finalement, ça t'arrange bien d'être dans cet état, car maintenant, on te plaint. Il faut te ménager.

— Pourquoi lui dire tout ça maintenant qu'il est handicapé ? me demanda Sylvette.

— Je lui ai déjà dit un jour, lors d'un conflit, j'avais dix-sept ans. Il m'a giflée.

Me tournant à nouveau vers lui, j'ai ajouté :

— Et puis, je me disais que le fait d'évoquer le passé pourrait peut-être te permettre de faire une connexion au cerveau et te faire parler à nouveau.

La réaction de mon père m'a fait réaliser tout à coup, que je ne pouvais rien espérer de lui, car, à ces mots, il a regardé Sylvette, a pris un air moqueur envers moi. Il fuyait mon regard et niait toujours tout en bloc. Ils avaient l'air très complices tous les deux. Aux yeux de Sylvette, je n'étais qu'une imbécile sans cœur, mais elle s'efforçait tout de même de rester la plus neutre possible. Mon père jouait son rôle de victime à merveille, ce qui m'a prouvé qu'il n'était pas si débile. Il arrivait encore à faire de la manipulation mentale en jouant la comédie. Il s'asseyait confortablement dans cette position où tout le monde le protégeait, l'épargnait.

J'étais bien décidée à ne pas marcher dans la combine, à être enfin égoïste.

C'était le moment pour moi, je ne pense pas qu'il y aurait eu d'autres occasions. J'ai réussi à dénoncer, tout en me sentant forte et libre de parler de moi. Plus forte qu'eux deux, ensemble. Peu m'importait son handicap. Il n'était plus question de pitié. J'en avais eu assez comme ça. Au point de mettre mon identité et ma dignité en péril, sous silence. L'image que j'ai eue de moi a été fortement endommagée. De la pitié, il n'en a pas eu, lui pour moi. Il ne pensait pas à la femme que j'allais devenir. Il se fichait bien de mes besoins de sommeil pour réussir à l'école afin de me préparer un avenir sécurisant. Ses pulsions maladives étaient plus fortes que tout.

« Et j'aimerais quand même bien que tu me regardes dans les yeux », lui dis-je tout à coup.

Il ne m'avait jusque-là regardé que par petits jets, j'avais énormément besoin de croiser son âme. Mes yeux attendaient avec impatience que son regard finisse par plonger dans le mien et là… Plus aucun mensonge possible entre nous. Les images de ce qu'il m'a fait ont dû lui revenir un instant pour le bousculer et le déstabiliser. Il a lancé :

— Oui ! En brandissant son index accusateur sur moi.

Ça y est, on y était. Il était en train d'avouer, de dire que c'est ma faute. Il regarda sa femme, se contredit immédiatement. :

— Non, non, non ! s'écria-t-il en faisant signe que je prends la porte.

Il venait presque d'avouer qu'il se souvenait de quelque chose et en même temps, me rendait coupable. Face à sa femme, il s'est rétracté. Je ne sais pas si Sylvette a relevé ce « oui » qu'il venait de cracher, moi, ça ne m'a pas échappé. Je pense qu'il m'accusait de l'avoir provoqué, comme le font d'ailleurs tous les pédophiles. Cela voulait dire qu'il se souvenait bien de quelque chose. C'était mieux pour lui de continuer à mentir. Je reste convaincue que si sa femme n'avait pas participé à cette confrontation, il se serait livré davantage.

En revanche, il serait parti vers un terrain boueux s'il s'était mis à m'accuser. Je crois que je n'aurais pas supporté le moindre réveil de culpabilité de sa part. Ça m'aurait fait perdre le contrôle de la situation. Soit il s'achevait, soit c'est moi qui le finissais.

Peut-être que sans la présence de Sylvette, j'aurais eu droit à des remords. Je rêve un peu trop. Il se trouve que pour l'instant j'avais toujours le mauvais rôle quoique je fasse, quoique je dise. Cela suffisait comme ça. Aussi incroyable que cela puisse paraître, je me sentais coupable. J'avais fini par me soupçonner moi-même de quelque chose que je n'avais pas fait. J'ai porté le poids à sa place.

Était-ce lui qui m'avait manipulée aussi bien ? Ou bien est-ce que la machine humaine est ainsi faite ? Se rendre coupable d'un fait que l'on n'a pas commis. Se mettre des coups de bâton supplémentaires.

Je me suis rendue fautive, de n'avoir rien pu dire et avoir en quelque sorte trompé ma mère. Je croyais que mon père était amoureux de moi. Ça voulait dire que j'étais en même temps, la rivale de ma mère. Je la trahissais donc puisque c'était secret. J'ai grandi en pensant que je n'étais pas vraiment une fille respectable. Une punition m'attendait forcément au tournant. Persuadée que je n'étais pas intéressante aux yeux des autres, je n'allais pas vers eux. Je me suis fermée sur moi-même. Incapable de me sentir aimable, je faisais en sorte que ça se confirme. J'évitais de parler pour ne pas avoir à me ridiculiser, car en plus, j'étais très timide. Le bonheur d'être aimée et respectée ne pouvait pas être pour moi. Tout ça, c'était pour les autres. Ceux qui le méritent vraiment.

Ma vie, jusque-là, avait été nourrie de ce sentiment, le bonheur ne m'était pas permis. Il me paraissait inaccessible, je me punissais toute seule de tout.

Et c'était bien pour ça que j'étais en face de lui ce jour-là. Rendre à César, ce qui appartenait à César. Je voulais en finir avec ce sentiment qu'il m'avait transmis. Rétablir clairement la vérité des faits et lui rendre surtout la culpabilité que je n'avais pas eu lieu de porter à sa place.

C'était bien moi la victime et il fallait que je lui dise pour m'en convaincre moi-même une bonne fois pour toutes.

Je savais qu'il se souvenait de ses actes. Il n'en était pas très fier devant Sylvette. À un moment, elle a pris la parole pour dire que c'était peut-être arrivé quand il buvait, qu'il ne se souvenait plus.

Comment ne pas accorder à cette femme l'envie de donner des excuses à son conjoint ? Cela doit être insupportable de se dire que depuis vingt ans, on aime un pédophile.

Comme je n'avais pas encore tout posé, j'ai repris :

— Et Margot, elle aussi, a bel et bien été violée au champ de courses à l'âge de treize ans. Tu l'as culpabilisée alors qu'elle venait de subir les pulsions ravageuses d'un violeur de jeune fille vierge. Et personne n'a porté plainte. Personne n'a rien fait pour elle. Il aurait fallu faire appel à la justice. C'est fait pour ça la police. Alors, si elle est tombée malade, ce n'est pas pour rien.

Pourquoi n'ont-ils pas prévenu la police ? Pourquoi cet homme, qui est aussi et malheureusement mon père, n'a-t-il pas cherché à faire arrêter cet individu dangereux qui coure d'ailleurs toujours ? Tous les pères normaux du monde auraient déclenché le plan ORSEC, pour le faire enfermer, alors pourquoi pas ? Parce que tous les violeurs du monde sont les copains de cet homme, qui est mon père, qui n'a rien fait par solidarité pour les gens de son espèce.

Ma sœur étant restée fragile, je parlais pour elle qui n'avait pas encore trouvé la force de le faire. Elle l'aura peut-être un jour et je le lui souhaite de tout mon cœur.

Je les regardais tous les deux, l'un à ma gauche, l'autre à ma droite. Ils avaient l'air de se moquer carrément de ce que je disais. Je m'essoufflais à leur faire comprendre la nécessité à dire pour que ça aille mieux après. Je n'étais pas du tout entendue. Mon père fit le geste qui indiqua que j'étais invitée à me retirer. Il a sonné le gong, ce n'était pas plus mal. L'essentiel était sorti de ma bouche. J'ai un peu compris le fait qu'il nie. Dommage pour lui. S'il avait accordé une ouverture au dialogue, je n'aurais pas été la seule à qui cela aurait fait du bien.

Une faute avouée est à moitié pardonnée quand on exprime des regrets sincères. C'est du reste ce que j'espérais de lui. J'avais mis un peu trop d'espoir dans la scène que j'imaginais...

J'ai pris mon sac à main de manière déterminée. Regardant une dernière fois mon père, je lui ai lancé :

— Ma foi, bonne vieillesse et moi, j'ai encore tout l'avenir devant moi. Au revoir !

Saluant Sylvette de la tête, la porte de sortie s'est avancée vers moi. Je l'ai ouverte en me demandant si je n'avais pas été un peu trop méchante en parlant de leur vieillesse. Cette question m'a effleuré l'esprit, mais j'ai choisi de ne pas m'attarder sur la culpabilité. Ce sentiment toxique n'avait dorénavant plus sa place dans ma vie.

J'ai descendu les marches d'escalier et là, vraiment, j'ai ressenti des choses fabuleuses. Tout ce que je portais avant ma visite se détachait de mon être à mesure que je descendais les marches. Mon fardeau était resté chez eux. Tout mon être était léger. À moi la liberté !

Je ne sais pas ce que ce boulet est devenu, ni même comment ils ont fait pour vivre avec cet énorme poids dans leur maison, mais ça, ce n'est plus mon problème. C'est celui de cet homme, que le passé a rattrapé.

J'ai ensuite fermé le portail de leur maison en me disant que c'était la dernière fois que j'y touchais. Mes mains ne l'ouvriraient certainement plus jamais. Ça m'a quand même touchée et j'ai failli m'en sentir triste. Ma voiture m'attendait pour partir vers ma nouvelle vie. J'ai filé, sans me retourner.

Margo m'a hébergée pour la nuit. Elle m'attendait pour manger. Toujours très accueillante, elle avait préparé un copieux repas. Son rapport à l'alimentation est complexe, mais quand c'est pour les autres, elle cuisine en abondance. Nous avons parlé de ma visite à ce père que nous avons en commun, mais le fait d'évoquer des souvenirs qu'elle a enfouis m'a paru très compliqué. J'ai tout de même tenu à lui dire que j'ai également parlé pour elle, espérant que ça lui fasse du bien. Il s'en est pris à elle aussi, mais je suis la seule à m'en rappeler...

Le lendemain, je devais reprendre la route. Avant de clore mon séjour dans la région, je devais aller chez ma mère. Sachant la raison de ma venue par chez eux, elle tenait à me voir.

Elle m'a prise dans ses bras dès mon arrivée, en me disant qu'elle regretterait toute sa vie de ne pas m'avoir prise au sérieux quand je donnais des signes d'alerte. Je l'entendais me supplier de lui pardonner. Elle pleurait à chaudes larmes. J'ai été très touchée par sa sincérité. Les choses se remettaient véritablement à leurs justes places. Mon père venait de nier, mais ma mère était en train de m'apaiser et me réconforter. Elle me reconnaissait dans ma peau de victime et ses bras autour de moi m'ont rappelé à quel point une mère peut aimer ses enfants. Je n'oublierai jamais cet instant-là…

Elle m'a parlé de lui et de sa vie de couple avec lui.

« Je n'y comprends rien. Il était nul au lit ! Je sentais qu'il avait des blocages et suis presque certaine qu'il a subi des choses lui aussi. Il avait un oncle qu'il détestait. Il n'était plus lui-même quand, lors de réunions de famille, il était amené à le croiser. Je n'ai jamais su pourquoi il ne l'aimait pas. »

Et si son alcoolisme était le résultat de violences sexuelles qu'il aurait subi par le passé. Rester dans le déni est une solution dangereuse puisqu'il a reproduit plutôt que regarder le mal en face. Beaucoup d'hommes sont victimes de viols et c'est malheureusement encore plus difficile pour eux d'en parler. Voilà comment le mal poursuit son chemin de génération en génération.

Comprendre permet de donner du sens et c'est ainsi que l'on peut passer à la résilience. Tous les criminels ne sont bien évidemment pas en mesure de trouver du sens. Face au traumatisme, chacun réagit différemment et malheureusement, sans avoir mis de sens sur sa souffrance, une victime devient souvent bourreau.

Aller voir ma mère m'a permis de trouver la paix que mon père ne m'a pas accordée en restant dans le déni. J'eus l'impression d'avoir fait un pèlerinage pour trouver ce dont j'avais besoin et c'est ma mère qui me l'a apportée. Ce fut comme une première rencontre que je faisais avec cette femme qui m'a donné la vie. Je reconnaissais en elle tout l'amour qu'elle a toujours eu pour moi, sa fille aînée. Jamais elle n'aurait imaginé que j'allais subir ça de la part de l'homme qu'elle aimait. Nous avons ainsi enterré la hache de guerre.

Je n'ai pas de médaille
Mais j'ai ces quelques vers
Pour te dire avec mes entrailles
Que tu es une bonne mère.

Tu as mené de durs combats
Parce que la vie est comme ça
Faite de hauts et de bas
Et quelques coups d'éclat.

Tu aurais bien aimé
faire autrement parfois
Davantage me protéger
ou je ne sais pas trop quoi.

Tu sais, je te connais bien
Et ressens ton chagrin
Je voudrais tellement
T'apaiser tendrement

Laisse-moi te libérer
Du poids de ton passé
De tes culpabilités
Tu dois maintenant t'aimer.

Tu m'as donné des valeurs
Transmis la fibre maternelle,
Ces émotions du côté cœur
Qui te rendent si belle.

J'aimerais donc que ce poème
Te soit réconfortant
qu'il apaise ta peine
toi que j'aime, maman.

Après toutes ces épreuves, une séance de méditation en pleine nature s'est imposée à moi. En regardant le paysage que j'avais quitté vingt ans auparavant, je n'ai pas pu m'empêcher de vouloir le goûter de plus près. J'ai garé ma voiture dans un chemin de campagne. Longeant un pré entouré de grands arbres, mes pieds s'enfonçaient dans le sol humide, couvert de feuilles multicolores. Les effets de cette nature qui m'a vu grandir me rappelaient les bons souvenirs de mon enfance. J'eus l'impression d'appartenir à ces lieux. Des vaches m'ont regardé passer pendant que d'autres inclinaient leurs mufles vers cette terre verdoyante et nourrissante. J'entendais le craquement des brins d'herbe que ces demoiselles, toutes vêtues de blanc, arrachaient par grosses touffes, sous la force de leurs mâchoires. Dire que j'ai passé mes plus jeunes années à les côtoyer sans jamais les regarder ! C'était comme une évidence, elles faisaient partie du décor. Le monde bovin ne m'intéressait pas, mais ce jour-là, je l'ai regardé comme si c'était la première fois de ma vie.

La lumière de ce soleil, que les Égyptiens considéraient comme un Dieu, m'a enveloppé et sa chaleur a pénétré en moi. Malgré les pluies fréquentes dans cette région, il faisait ce jour-là, un temps splendide. Je ne me sentais pas seule. Il y avait une présence bienveillante que je pouvais ressentir. Les odeurs et les souvenirs associés à des moments de mon existence me paraissaient tout à coup plus beaux.

Mon regard sur la vie changeait à présent d'angle de vue. La petite fille, émerveillée que j'ai été venait de ressurgir. Je ne sais pas où elle s'était cachée, mais je la retrouvais telle que je l'avais laissée. Était-ce bien moi qui l'avais laissée ? Je la croyais morte et la voilà qui renaissait en me rappelant que j'ai toujours trouvé que la vie est belle et secrète à la fois. Il y a un mystère intelligent qui se cache derrière ce que l'on voit avec nos yeux. Je me suis promis ce jour-là de toujours regarder la vie avec passion et amour. Comme quand j'étais petite et que je passais des heures à contempler les nuages, distinguant des formes, des animaux ou des personnages, qui se déplaçaient au gré du vent tout en changeant d'apparences. C'était pour moi un vrai spectacle ! Je me disais que les anges m'adressent des messages à travers les nuages et que c'était dommage que je sois la seule à les voir. Les autres étaient affairés à leurs occupations pendant que je rêvais. Mon imagination était débordante et je m'interrogeais beaucoup sur le sens de l'existence. L'important n'est pas ce que l'on regarde, mais ce que l'on voit.

Je m'en vais promener
dans la nature pour méditer
Me délectant à regarder
Un spectacle de toute beauté

J'aime tellement la vie
Quand je m'éloigne d'autrui
se mettre en retrait
C'est y voir de plus près

Un chemin m'invite à passer
Un sous-bois au bout de l'allée
Car un arbre veut me parler
Il me suffit de l'enserrer

Une branche s'est penchée
Et m'invite à m'asseoir là
vibrer dans la tranquillité
Et me centrer un peu sur moi

À ma droite, la lumière
À ma gauche, son envers
C'est donc ça, la vie sur terre !
Tout a son contraire !

Le jour et la nuit
Féminin, masculin
La mort et la vie
le mal et le bien

Regardant encore un peu
tout en observant mieux
l'ombre dépend de la lumière
c'est la magie de l'univers

Le mal n'existe pas
il est juste le résultat
de l'absence de jour
de l'absence d'amour.

Savoir dire non

À mon retour, j'étais une nouvelle femme, bien décidée à prendre soin de mon futur, ainsi que de celui de mes proches. Entière dans mes passions comme dans mes colères, je savais qu'il me faudrait apprendre à gérer mes émotions. Je me sentais libre d'être moi-même à présent et l'aventure de la vie a commencé à me passionner. Le passé n'avait plus de prise sur moi. Décidée à apprendre de lui, je pouvais le regarder en toute sécurité.

Affairée à ma reconstruction, Max a alors toqué à la porte m'expliquant se retrouver célibataire et sans domicile fixe. C'est donc au moment où j'ai commencé à sourire à la vie qu'il s'est séparé d'elle. Il était contrarié et je lui ai proposé de manière plutôt humaine de dormir sur le canapé, le temps de trouver une autre solution.

Lui a eu très vite la volonté de me reprendre, mais pour moi, c'était impossible. J'étais quelqu'un d'autre et les promesses que je m'étais faites au sujet de ma liberté tiendraient bon. Je préférais par ailleurs éviter toute relation intime puisqu'avec lui, les flash-backs étaient intenses. Je n'arrivais pas à chasser les empreintes laissées par mon père. Cette sensation désagréable de combat intérieur alors que je suis censée faire l'amour… Quelque chose me torturait sans pouvoir l'expliquer. J'ai donc choisi l'évitement faute de savoir comment faire autrement.

La cohabitation est vite devenue conflictuelle. Il ne supportait pas que je sorte avec mes copines. Celles qui avaient été là pour moi lors de son escapade. Ma nouvelle liberté semblait le contrarier. Mon vécu a empoisonné sa vie à lui aussi, ça le rendait un peu fou de lutter contre un phénomène invisible et incompréhensible. Quand il est parti avec Martine, j'ai continué naïvement à payer le loyer et l'appartement est resté à son nom. Quand je l'ai entendu me dire : « ici, c'est chez moi et c'est donc à toi de partir », j'ai compris. Piégée, j'étais sidérée. Je ne pensais pas qu'il puisse en arriver à ce point de non-raisonnement. Je lui en voulais de ne pas penser en priorité aux enfants à qui il imposait un changement de domicile et d'école plutôt que de leur permettre de continuer dans leur univers. J'aurais préféré une séparation moins violente pour les enfants. Je ne voulais plus de lui, la note fut salée…

Un soir, pour la fête des Pères, je décide de sortir avec mes amies. Je me prépare dans la salle de bain quand il entre tout à coup sans frapper à la porte. S'en suit une scène violente devant les enfants, je décide d'appeler les gendarmes. Ils arrivent une demi-heure plus tard. Max leur dit qu'il est chez lui et que c'est à moi de partir. Les gendarmes m'ordonnent d'aller dormir chez une amie afin de calmer les esprits. Je dois donc laisser les petits avec leur père. Une solidarité masculine s'impose à moi et même si cela me paraît très injuste, il faut bien que je me résigne.

Quelle idiote ! Comment n'ai-je pas pensé à mettre l'appartement à mon nom ? Maintenant, je suis, pour ainsi dire, à la rue, sans mes enfants !

Le lendemain, j'ai vu un médecin pour m'aider à lutter contre une grippe carabinée qui venait de m'assaillir. Cette histoire me rendit malade au sens propre comme au sens figuré.

L'assistante sociale m'a aidé à trouver un appartement relais le temps de nous reloger. Ce fut une période très dure, mais je suis restée calme, car, de toute façon, je n'avais pas le choix. J'ai cette confiance en la vie qui me rassure toujours. Une foi qui laisse une présence, faisant en sorte que, même dans mes moments de solitude profonde, je ne me sens jamais vraiment seule.

Quand mes problèmes personnels seront dépassés, je connaîtrai la magnificence de mon être, car je sais que tout ce que je dois connaître me sera tôt ou tard révélé. En m'ouvrant à la sagesse intérieure, je me rapproche du divin. Cette intelligence infiniment supérieure sait de quoi j'ai besoin en temps voulu. Il me suffit d'être patiente et confiante.

J'ai trouvé à louer un appartement dans le village à côté. En un mois, j'étais relogée et chacun de nous quatre avait sa propre chambre. Une nouvelle vie m'affichait son panneau qui annonce le renouveau. L'avenir m'appartenait, je me sentais confiante. J'avais trouvé de quoi me refaire un nouveau nid avec les enfants. Ça m'a encouragé à poursuivre ma route en élargissant ma vision de l'existence. Tout est dans l'intention. Quand on veut, on peut.

Max et moi avons fini par nous modérer et il m'a même aidé à emménager. Nous étions à nouveau dans l'entraide, en accord pour les droits de visite et d'hébergement. J'ai quand même fait les choses pour qu'il y ait des écrits sur notre accord auprès du tribunal, mais on s'est arrangés entre nous. La guerre ne fait pas partie de notre philosophie de vie même si les caractères sont excessifs des deux côtés. Quand on aime une fois, on aime pour toujours.

Quelques mois plus tard, le destin l'a emporté vers d'autres bras. Je crois qu'il est heureux et qu'il est enfin aimé comme il se doit. J'en suis très satisfaite, car c'est exactement ce que je lui souhaite. Nous sommes devenus de grands amis et sa concubine tolère bien cette entente. Capables de nous réunir autour d'un repas de Noël ou autres occasions, les enfants s'en portent vraiment bien. Nous avons raté notre vie de couple, mais il reste encore et pour toujours, le couple parental. Je peux compter sur lui lorsque je rencontre des difficultés, car il agit en bon père de famille. J'ai également changé d'avis en ce qui concerne son rapport à l'autorité et il se contrôle davantage. Aujourd'hui, je lui laisse son rôle et sa place de père. C'est certainement ce qui l'a beaucoup apaisé. J'avais tellement peur de la violence possible d'un père que je ne le laissais pas intervenir. Il m'a beaucoup reproché de m'appuyer sur les pédopsychologues, disant que le problème venait de moi. C'était sa manière de voir les choses. Moi, j'ai tenu à demander de l'aide par peur de louper leur enfance, le regard des spécialistes m'a rassuré.

Rendez-vous avec le temps (2005)

J'attendais devant la gare, ma valise et la tête pleine de rêves, mais l'accueil qu'il me réserva fut loin de répondre à mes attentes. Je pensais qu'à la descente du train, il serait là, sur le quai à m'attendre, souriant en me regardant m'approcher. J'espérais une version plus romantique à nos retrouvailles. Un peu comme dans les films. Or, cela n'a pas été le cas.

Pourtant, j'aurais dû m'en douter un peu, ce n'est guère son genre de donner dans la dentelle, mais j'imaginais qu'il aurait changé...

Arrivée dans la gare, j'ai regardé partout, espérant le voir parmi les quelques personnes présentes. Ne le trouvant pas, je suis sortie pour fumer en l'attendant.

Il ne m'avait pas prévenu qu'il viendrait avec une voiture d'auto-école, mais quand je vis le passager du véhicule me faire signe, j'ai deviné que c'était lui. Diego ! il est moniteur auto-école depuis trois mois et il était encore au travail à ma descente de train.

Il me regardait avancer. Je me suis approchée. Tout en souriant, j'ai également dit bonjour à la dame qui prenait son cours de conduite. Il m'a dit de mettre mes bagages dans le coffre. Il aurait quand même pu descendre de son véhicule pour m'accueillir et m'aider, mais je le trouvais bien tel que je le connaissais. J'ai ouvert le coffre, posé ma valise en pensant que dans la vie, on est toujours seul. Je suis montée à l'arrière avec la sensation de ne pas être vraiment à ma place et me suis sentie trop. Quand c'est comme ça, je ne me sens plus vraiment moi. Tout à coup, je me referme dans une coquille et me déconnecte des autres. C'est comme si je devenais un peu autiste, car je n'ose même plus parler. Dans ces cas-là, je deviens observatrice. Ma personnalité s'envole quand je ressens une gêne émotionnelle. Qu'aurais-je donc à leur apporter ? Je suis moi-même dans un trouble existentiel profond. Spectatrice est une place qui ne me convient plus, mais c'est ma façon de réagir pour l'instant. Je suis en cours de reconstruction.

Il a donné à son élève les recommandations avant de démarrer et m'a dit d'attacher ma ceinture. Je me suis laissé porter par les événements. Il m'a proposé de me donner la clé de son domicile pour que je m'y installe en attendant son retour, je n'étais pas ravie de me retrouver seule chez lui. J'avais deux jours devant moi pour vérifier si un avenir amoureux était possible. Il fallait que je profite de chaque instant avec lui.

— À moins que tu ne préfères rester avec moi jusqu'à la fin du cours, me dit-il.

J'ai choisi cette deuxième option et me suis laissé guider par ce qui allait se passer. Observatrice de chaque instant, je le regardais enseigner la conduite d'une automobile à une dame d'origine sud-africaine. Comment s'y prenait-il ? Avait-il un minimum de psychologie maintenant qu'il était devenu adulte et formateur ? Son attitude m'intriguait et je tenais à ne pas me tromper. Il fallait que je sois la plus lucide possible. Mon cœur devrait se taire pour laisser place à la raison. C'est ainsi que j'ai remarqué son manque de tact quand la dame faisait une erreur de conduite. Ce côté moqueur et cassant qui le place en position dominante m'a rappelé qu'il fut parfois ainsi à mon égard, par le passé. Quand on n'a pas tellement confiance en soi, avoir affaire à ce genre de personnage, c'est un peu comme s'il nous mangeait le peu d'énergie qu'il nous reste.

Pauvre dame ! J'eus l'impression que c'était son cas. Prise d'empathie pour elle, j'ai rangé cette observation dans mes archives cérébrales. Il avait beau avoir bien évolué socialement et professionnellement, son tempérament restait pour autant, toujours le même.

Je cherchais son regard dans le rétroviseur, mais il portait des lunettes de soleil et il m'était impossible de voir ses yeux. Peut-être me regardait-il aussi ? C'est du moins ce dont j'avais envie. Pendant un temps, il les a retirées et, sans que nos regards se croisent, je me suis fait la réflexion qu'il avait des yeux magnifiques. J'avais presque oublié la couleur, marron noisette tirant sur un vert très lumineux. J'aurais aimé qu'il me regarde, même furtivement, mais là encore, je le retrouvais comme avant. Quelqu'un qui ne montre pas ses sentiments.

Nous avons fait halte à l'école de conduite afin qu'il donne un prochain rendez-vous à la dame.

Nous sommes descendus de la voiture, nous nous sommes regardés, il m'a embrassée. Un baiser rapide et discret sur la bouche qui m'a surprise. Je ne m'y attendais pas. Le même baiser qu'il m'avait volé vingt-deux ans auparavant. Ça fait si longtemps… Quelle histoire lui et moi !

La première fois que je l'ai rencontré, j'avais quinze ans, l'âge des premiers émois amoureux. C'était à la fête foraine du village. Il était avec ses amis et moi avec les miens. Fabienne, mon amie d'enfance, s'est approchée de leur bande pour les saluer et je l'ai imitée. En m'approchant pour lui faire la bise, il a tourné la tête et m'a volé un baiser sur la bouche. Je lui ai dit de ne plus jamais recommencer, tout en pensant à l'inverse ! Il a dû croire qu'il ne me plaisait pas et m'a dit par la suite que ma réponse l'avait déçu. Pourtant, tout chez lui me plaisait déjà fort. Son regard, sa démarche, sa voix, son rire. Il m'a beaucoup troublée et je suis tombée sous son charme immédiatement. J'aurais pu préférer son frère qui lui ressemblait, mais c'était lui que je regardais.

Je m'interroge parfois sur ce sujet et je suis tentée de me dire que c'était son côté différent qui m'interpellait. Je ressentais l'envie d'être celle qui viendrait à son secours. Il avait une tache de naissance sur le nez, qu'il s'est fait retirer par la suite. Cela devait le complexer et poser un problème dans sa vie amoureuse. C'est un peu par rapport à sa tâche sur le nez que je me suis intéressée à lui. Sachant aussi qu'il avait fait quelques bêtises puisqu'il avait participé à quelques cambriolages aux alentours, son côté voyou et rebelle m'attirait. Nous nous sommes embrassés pour la première fois aux autos tamponneuses. J'avais déjà un petit copain, mais je l'ai quitté, car j'étais folle amoureuse de Diego. Vexé, mon ex-petit copain est venu chercher la bagarre. Ce qui n'est pas passé inaperçu dans le village et est revenu aux oreilles de mon père. Il m'a brutalement réveillée le lendemain matin pour me disputer. Il s'est mis à m'accuser d'être sorti avec un voyou. C'est alors que les ennuis ont commencé. Je n'avais plus le droit de sortir et encore moins de le voir. Ne savait-il pas qu'interdire quelque chose à un adolescent, c'est le lui rendre désirable ? De toute façon, mon père n'a jamais supporté que j'aime un garçon. Pourtant c'était bien de mon âge.

Aujourd'hui, je sais pourquoi il était comme ça avec moi. J'étais sa chose, son objet et il voulait que je fasse de ma vie ce que lui-même déciderait.

J'ai vu Diego en cachette pendant environ deux ans. Mon père avait beaucoup d'emprise sur moi, mais à l'époque, je n'en mesurais pas encore la gravité. ~~Il~~ a réussi à me séparer de Diego, car je n'ai pas eu la poigne de faire face à mon père.

À trente-sept ans, j'en étais toujours au même point. Impossible d'effacer de mon cœur l'idée que Diego et moi, c'était une histoire inachevée. Un peu comme si j'avais commencé la lecture d'un livre sans le lire jusqu'à la fin et que, même si j'en avais lu d'autres depuis, celui-là, je n'arrivais pas à le ranger. Je voulais connaître la fin de cette histoire.

Je l'ai suivi jusqu'à l'auto-école. Il a conclu à un prochain rendez-vous avec sa cliente. Je ne peux pas me l'expliquer, je n'étais pas à l'aise. Timide, réservée, je me sentais freinée par quelque chose. Ça m'a rappelé que je me suis toujours sentie un peu comme ça à ses côtés. C'est donc à l'écoute de moi-même, comme je me l'étais promis, que je m'efforçais de garder l'œil attentif et observateur.

Diego nous a conduits chez lui, il a perdu son premier point dès son entrée dans l'appartement : il a allumé directement la télévision, j'ai horreur de ça. C'est le gong qui sonne pour stopper un dialogue qui n'a même pas encore commencé. Il met en marche un engin qui diffuse un bruit de fond continu, empêchant les gens d'entendre le fond de soi-même. Puis, ce fut au tour de l'ordinateur. Il a commencé à vouloir télécharger des films et des musiques. Deuxième point en moins. Ce genre de pratique qui nuit à nos artistes. Cela compromet leur avenir et le nôtre. Sans la musique, la vie n'a rien de fantastique. Je ne suis pas gênée pour lui donner mon opinion tout en sachant que je ne le ferai pas changer d'avis.

Nous avons toutefois passé une bonne soirée, aidés d'une bonne bouteille de vin blanc de la région.

C'est en parlant de choses et d'autres que j'ai pu sonder un peu son âme et saisir que nous sommes bien différents.

Nous avons abordé de nombreux sujets. À mesure que nous échangions, je réalisais que je ne pourrais pas être en accord avec ce genre de personne. Tout nous séparait. Nos avis étaient trop contraires pour que quelque chose d'harmonieux se mette en place. Mal à l'aise quand il est question de parler d'amour ou d'émotion, c'est un célibataire endurci. J'avais bien remarqué tout cela pendant la période où j'avais tout quitté pour lui, mais, là encore, je n'étais pas allée au bout de la relation. Rongée par la culpabilité d'avoir détruit la famille que j'ai créée, je ne m'étais pas laissée le temps d'approfondir avec Diego. Mon côté indécis est un trouble handicapant quand il est question de prendre des décisions. Faire un choix, c'est renoncer à quelque chose et j'ai toujours eu du mal avec cette idée-là. Quand j'aime une fois, j'aime pour toujours.

Mon week-end s'est terminé avec la sensation qu'il était inutile de songer à un avenir avec lui.

Cela n'a rien de négatif, bien au contraire. Je venais de régler un autre problème dans ma vie. Cette histoire que mon père avait rendue impossible, me laissant pleine de regrets pour cet amour perdu, parasitant ma vie de couple et de famille. Mon cœur n'était pas entièrement consacré à l'homme qui m'a donné des enfants. Max en a beaucoup souffert !

J'ai eu énormément de chance de retrouver Diego ce jour-là, accompagnée de ma sœur et de ma mère sur le parking du supermarché. À trois secondes près, on se serait ratés. Je suis certaine que tout cela a un sens dans une autre dimension. Il fallait que je sache ! Je remercie le ciel qui m'a présenté sur un plateau de hasard, l'occasion de régler mes comptes avec cette histoire d'amour qui m'empêchait d'avancer. J'ai ainsi pu régler un autre problème intérieur. Le livre étant fermé, je pouvais enfin le ranger dans ma bibliothèque à souvenirs et expériences passées.

Le train à grande vitesse qui m'a ramené chez moi faisait défiler le paysage à mesure que je voyais passer les étapes de ma vie. Que de chemin parcouru ! Mon père était dans mes pensées. Son amour pour moi avait été confus et cette confusion avait nourri mes relations amoureuses à l'âge adulte. En touchant à mes endroits sacrés, j'ai perdu tout repère concernant l'amour véritable. Mais si c'est sacré, alors ça crée et si ça crée, ça ne meurt jamais. Les mots sont décidément porteurs de messages.

Je me réjouissais de savoir que j'allais dorénavant être maître de mon esprit. Plus personne ne m'influencerait ! À l'écoute de moi-même, libre comme l'air, je me suis sentie gâtée par les Dieux.

Rose apprend mon secret (2005)

De retour chez moi, j'y voyais vraiment très clair. Je savais à présent ce que je ne voulais plus. Ma priorité s'est tournée vers mes enfants, j'ai décidé de me consacrer du mieux que je le pourrais, à leur devenir. Ils étaient tous les trois en souffrances, mes deux aînés étaient devenus des préadolescents en pleine crise.

Je pourrais vous écrire que je vous aime,
mais je vous le dis tous les jours
je vous grave donc un petit poème
pour exprimer tout mon amour.

C'est tellement fort l'amour d'une mère
que ça procure un grand bonheur
C'est toute la force de l'univers
cristallisée dans un seul cœur

Ça me rend heureuse de vous avoir
vous êtes ma raison d'exister
même si parfois les jours sont noirs
vous resterez mes protégés
Je n'ai pas toujours réussi
à vous montrer stabilité
et me suis fait beaucoup de soucis,
car je vous veux équilibrés
La vie ne nous a pas toujours gâtés,
mais elle nous aura forgé
on est ensemble pour la vie
et même après, au paradis.

Je ne m'attendais pas à ça. À chaque fois que je me libère d'un côté, un drame m'attend ailleurs. Les enfants étaient partis en cousinade avec leur père, Rose avait surpris une conversation entre son père et la mère de ce dernier. Il avait dû se confier à elle au sujet des difficultés de couple que nous avions rencontrées et par la même occasion, évoquer mon enfance.

Je déjeunais tranquillement un lundi matin avant de préparer les enfants pour l'école quand Rose m'a dit :

— Maman, c'est vrai que tu t'es fait violer par ton père ?

J'ai eu un choc terrible. Alerte ! Tous les feux sont passés au rouge dans ma tête et je n'ai pas su comment réagir ni que dire. Je ne voulais pas qu'elle le sache, et surtout pas comme ça. Mon bébé va perdre son innocence. Je me suis sentie tout à coup démunie. Ma propre réponse m'a fait peur, je n'ai pas trouvé les mots.

— Qui t'a dit ça, où as-tu entendu ça ?

— C'est papa qui en a parlé avec mamy.

— Écoute, ma chérie, on va en reparler, mais pas maintenant, ai-je réussi à dire...

Dès que les enfants ont quitté la maison, j'ai pris mon téléphone pour chercher une psychologue qui soit disponible rapidement. Elle nous a reçus le soir même, considérant mes propos comme étant urgents. J'avais besoin de quelqu'un de confiance pour évoquer mon secret avec ma fille et cette dame a été à la hauteur de mes attentes. Elle m'a expliqué que le risque était que Rose fasse un copié-collé de mon histoire à la sienne et qu'il serait bon que nous soyons un peu suivies pendant cette période difficile.

Qu'est-ce qu'elle me veut la vie ?
Elle s'accroche et m'écorche
Qu'est-ce qu'elle me veut cette vie ?
Que je m'use de mes forces
Quand je reste debout
elle me veut à genoux
y'a du bien, y'a du mal
moi, j'y perds les pédales

J'en ai marre de la vie
qui pourtant me passionne
et je l'aime cette vie
qui pourtant me bastonne
Et je me contre dit
ça m'fait mal quand c'est bien
et je frôle la folie
c'est un mal pour un bien…

Nous avons continué à voir cette dame jusqu'à ce que Rose me demande d'arrêter. Cela ne m'aurait pourtant pas déplu de continuer à parler de ma relation avec ma fille, je ne me sentais parfois pas à la hauteur. Mes fichues réactions explosives ne me rendaient pas crédible. J'étais peut-être une mère toxique pour ma fille. Mes états d'âme ont toujours été étrangement en dents de scie et mes difficultés étaient surtout basées sur le manque de maîtrise de mes émotions. Le quotidien d'une maman solo est habité par la peur de ne pas réussir à joindre tous les bouts. Ce stress alimenté par un tempérament nerveux n'a rien arrangé. Toujours sur le « qui vive », je m'emportais pour des riens et criais pour me faire entendre. Rose partait souvent chez son père. Elle me fuyait pour aller avec lui au restaurant ou sur les chantiers. Il a été souvent violent avec elle et plus tard, je lui ai demandé pourquoi elle y retournait puisqu'il la frappait. Sa réponse a été lourde pour moi à accepter, mais c'est sa vérité. Elle fuyait une violence verbale qui n'était pas moins blessante qu'une violence physique.

Préoccupée par des tas de choses, je ne voyais pas mes ratés avec ma fille aînée. Avec mon fils, les rapports ont été différents dès le départ. Pourtant, j'aime mes enfants aussi forts les uns que les autres, mais la relation était plus paisible avec Tony. Jasmine étant ma petite dernière, je la couvais beaucoup. Pourquoi étais-je aussi exigeante avec Rose ? : Est-ce qu'inconsciemment, je n'étais pas un peu dans le rejet de ma fille aînée ? J'avais beau me remettre en question, rien n'y faisait, j'étais maladroite. Rose est mon premier enfant. C'est elle qui m'a appris à être mère. Ayant la même place que moi dans la fratrie, elle me ressemble également beaucoup physiquement. Se peut-il qu'il y ait eu un effet miroir ?

Je me souviens qu'un soir, avant que je ne me confie à Max, Rose s'était endormie sur le canapé tout habillée. Elle avait environ dix-huit mois. Je l'ai prise pour l'emmener délicatement dans son lit. Je me revois lui enlever ses chaussures, puis son pantalon afin qu'elle soit plus à l'aise pour dormir. Elle gémit tout à coup dans son sommeil. Un gémissement qui me signifiait que j'étais en train de la déranger. Cette vocalise au goût de plainte a réactivé des souvenirs enfouis. Ça m'a rappelé quand mon père me réveillait et me déshabillait pour satisfaire ses pulsions. Je gémissais également un peu comme ça. Je me suis retrouvée subitement face à mes souvenirs. Il est des choses que l'on n'oublie jamais. Ce fut pour moi ce soir-là, un grand moment de solitude, car je devais rejoindre Max tout en faisant comme si j'allais bien. Comme si tout était normal. Je venais juste d'avoir un flash-back. Ma mémoire venait de me rappeler que mon passé commençait à me rattraper. Le silence manifestait son besoin d'expression. Devant ma fille, je me revoyais toute petite et les horreurs qui vont avec. Malgré l'éloignement géographique, mon agresseur n'avait jamais été aussi présent.

Je me souviens avoir été par moment, aussi nulle que ma mère l'a été avec moi, mais j'ai toujours su me remettre en question. Inutile d'expliquer le sentiment de culpabilité qui m'envahissait après mes colères. Force était de constater que malgré toutes les promesses que je m'étais faites pour être une bonne mère et ne pas reproduire mon vécu, elles s'envolaient quand j'étais prise par le tourbillon infernal du stress et de la peur. J'étais facilement irritable. Il y avait constamment un sentiment qui flottait en moi. Le genre de sensation que l'on ne peut pas définir. J'ai d'ailleurs toujours eu du mal à mettre des mots sur mes émotions et j'ai compris très tard que c'est à cause de cette inaptitude à être à l'écoute de moi-même que j'éclatais pour des riens. Dès que quelque chose ou un événement me laissait une impression de gêne émotionnelle, je le vivais comme une agression et cela réactivait ma mémoire traumatique. Mais ça, je l'ai compris plus tard…

À d'autres moments, j'avais la tête vide et il était délicat de me parler ou de me faire parler. J'ai toujours eu besoin de silence et de solitude afin de me recentrer dans ma bulle et ainsi me ressourcer. Mais une maman seule avec trois enfants n'a pas vraiment l'occasion de s'offrir ces moments-là alors, une sensation d'agacement surgissait en moi et je devenais désagréable. Je me retrouvais comme à nouveau victime d'une espèce d'intrusion et même si je ne m'en rendais pas compte, c'est effectivement ce sentiment qui flottait chez moi.

J'ai fait comme j'ai pu, avec ce que j'avais et ce que je n'avais pas. Les moments de câlins, de jeux, de complicité et d'amour ont toujours été préservés malgré tout et c'est grâce aux instants de tendresse que j'arrivais à m'expliquer, voir même m'excuser. Le soir, au coucher, je leur racontais des histoires, jonglant ainsi entre mon stress post-traumatique et le bonheur d'être mère. J'ai passé beaucoup de temps à masser mes enfants, et ce, sans aucune gêne et dans un amour totalement pur. Malgré les troubles que mon père avait installés dans mon enfance avec ses déviances, ses attouchements n'ont pas touché à la tendresse de la mère que je suis.

Découragement (2007)

Faire régner le calme dans mon foyer n'était apparemment pas de l'ordre de mes compétences. Mes enfants devenus adolescents (Rose, 16 ans, Tony, 12 ans et Jasmine, 4 ans) étaient très difficiles à gérer. Je voulais qu'ils puissent s'exprimer en toute liberté, mais je n'ai pas vu à temps qu'ils dépassaient les limites. Toujours le même problème obsédant. J'ai été formatée à des schémas de pensée qui m'habitent encore. C'est comme un chewing-gum collé à une chaussure.

Énervée, agacée, je criais beaucoup sans effet réel. Mes gueulantes n'avaient pas d'impact et je me fatiguais. Lasse, il m'arrivait souvent d'avoir envie de mourir. Quitter mon enveloppe de chair et d'os. Avaler la boîte d'antidépresseurs que ma psy m'avait prescrite et que j'ai toujours refusée. Soit, je m'en sortais seule, soit je prenais la boîte entière d'un seul coup.

La mort ne me fait pas peur et j'ai eu souvent envie de la rejoindre, mais avoir donné naissance à mes enfants m'a toujours maintenue dans la vie. Je n'avais pas le droit de les planter là. Je les aime plus que moi-même. Partir en paix tout en sachant que mes enfants ne sont pas bien sans moi me paraissait inconcevable. Même morte, je ne serais pas tranquille. On ne sait jamais, s'il y a une vie après la mort !

Aller voir mon père m'avait permis de faire peau neuve, mais j'étais à nu. Je devais apprendre à vivre sans les habits de poussière que j'avais toujours portés. Écorchée vive, je ne voulais pas me complaire dans ce personnage. J'avais moins mal depuis que j'en avais parlé, mais dans mon quotidien, rien n'était gagné. Il me fallait déployer beaucoup de force pour ne pas laisser faire et parfois j'étais très fatiguée alors je devenais passive. On finit par trouver une situation banale quand on y est habitué. Je ne tenais que sur un fil. Ne trouvant pas beaucoup d'issues, mes idées suicidaires refaisaient souvent surface.

J'ai toujours voulu être une bonne maman, mais j'ai eu beaucoup de doutes en les éduquant. Par peur de rater l'essentiel, je culpabilisais aux moindres crises. Surtout pour Rose, ma première. Quelque part, on grandit avec nos enfants… Croyant pendant longtemps que je devais répondre à toutes leurs demandes, être présente pour eux, tout prendre en charge. Le tout sans vraiment laisser la place au père, à qui je n'accordais pas vraiment de fiabilité sur sa méthode d'éducation. Il avait tendance à faire preuve d'une autorité trop violente à mes yeux, je ne voulais pas qu'il intervienne. Ainsi, nous nous disputions, car nous n'étions pas d'accord sur certains points. Il estimait que je faisais un peu trop de « chichi ».

— Toi et tes psys ! me disait-il.

J'ai surprotégé mes chérubins parce que j'avais une peur envahissante de ne pas être à la hauteur pour leur apporter un équilibre. Alors, j'ai trop cherché à tout contrôler. Être mère, c'est s'oublier beaucoup soi-même. Les enfants étaient ma raison de vivre et je leur disais tout le temps. C'est un piège, en réalité. J'ai fait des enfants pour sauver ma peau. Cela a pesé sur leurs vies. Ils ont ressenti que leur vie engendre ma survie. Les enfants s'inquiétaient pour moi lorsque nous étions séparés plus d'une journée. Je tentais bien de les rassurer, mais dans le fond, ils avaient raison.

Qui étais-je sans eux ? Un corps dans un bain. Un véhicule de chair et d'os que je n'alimente que très peu quand je suis seule. Le fait de jeûner me procure une sensation de légèreté, mais parfois, je me suis menti. Si manger seule ne m'ouvre pas l'appétit, j'ai quand même une tendance à l'anorexie.

Devant les difficultés que je rencontrais avec les enfants, j'ai fait une demande d'aide éducative renforcée à domicile. Mes deux adolescents se bagarraient à longueur de journée. Leurs émotions étaient très vives. La petite était spectatrice. Elle avait peur. Je ne m'en sortais pas et me décourageais devant le fait que je n'arrivais pas à la protéger non plus. Il fallait que la violence sous toutes ses formes sorte enfin de notre vie, mais je n'arrivais pas à poser les limites, ne les connaissant pas moi-même. Je peux tolérer et supporter des choses que bien des gens auraient refusées. Mon seuil de tolérance est plus large que la moyenne. J'avais besoin d'aide, j'ai mis une certaine fierté de côté, pour regarder les choses en face. Il me fallait trouver des balises.

Avec l'éducateur, le contact s'est bien passé. Les enfants, pourtant réfractaires au départ, ont pu facilement parler avec lui. Je me souviens d'une des premières questions qu'il m'a posée.

— Quelle personne, dans votre histoire, représente l'autorité, un repère, un modèle ?

Ma réponse a été longue à venir et j'ai fini par répondre que c'est le bon Dieu.

« Alors, je ne me fais pas de soucis », m'a-t-il répondu.

Je lui ai raconté mon enfance, car cela était nécessaire pour évoluer et il a trouvé bon de l'évoquer avec les enfants. Ils ont donc entendu que mes difficultés de maman venaient de mon vécu. Je n'arrivais pas à leur dire « non », parce que personne ne me l'a pas appris. Je l'ai entendu dire à mes enfants que leur maman était en train de se reconstruire. Ce fut un moment très émouvant et les mots m'ont manqué. Grâce à l'aide de cet homme, ma réalité a été entendue. Je crois fortement au pouvoir des mots et suis convaincue que cette expérience nous a été profitable.

Évoquant notre quotidien, nous avons cherché ensemble des solutions pour apaiser les conflits. À mesure des rencontres et discussions avec ce spécialiste de l'éducation, j'ai réalisé que je n'étais pas suffisamment cadrante. Je devais me convaincre que dire non à ses enfants est un devoir de parent responsable, une énorme preuve d'amour. Moi qui avais tellement lu en matière d'éducation, je savais très bien qu'il avait raison, mais l'appliquer au quotidien restait difficile.

— Merci papa ! Tu m'as conditionnée. Je n'ai jamais su dire « non » sans avoir peur de faire de la peine. Tu m'as laissé croire que si je refuse, cela veut dire que je ne t'aime pas...

Un jour, il m'a apporté un texte de Khalil Gibran : « Vos enfants ne sont pas vos enfants ». Quand je l'ai lu devant lui, j'ai trouvé, dans un premier temps, que c'était très violent. Il a ri en disant qu'il n'était pas étonné par ma réaction. Puis, à force d'en parler, j'ai fini par intégrer cette idée. On ne possède pas ses enfants. Ils sont les fils et les filles de la vie à elle-même. Ils passent à travers nous, mais ne sont pas à nous.

— Ils vous tiennent à l'affectif, vous devez punir ! me répétait-il.

Avoir été victime d'inceste et rester sous silence, c'est laisser le mal continuer son travail. Il peut se déguiser sous tout un tas de costumes différents. Les violences conjugales et familiales étant un des effets secondaires qui agissent par ricochet...

Je compris un peu tard que je suis un individu respectable comme tous les autres sur cette planète Terre. Quand quelque chose nous blesse ou quand ça nous dérange, le dire et imposer la limite à l'autre. Cela semble pourtant évident, mais ça ne l'était pas pour moi.

J'ai voulu nettoyer
le jardin de mes peines
Et ainsi évacuer
Les mauvaises graines

Le ciel a déversé
De quoi mouiller le sol
et j'ai déraciné
Les herbes folles

J'y ai posé des pierres
habillées de mousse,
mais si on laisse faire
alors ça repousse

Les bâtons dans les roues
que j'ai récupérés
m'ont permis de créer
un pont tout au bout

Et ce sont les déchets
pour avoir fermenté
devenus de l'engrais
avec le temps passé
qui ont pu faire pousser
de beaux arbres fruitiers
pour en faire profiter
mes enfants adorés

Il faut que ça abonde
pour mes jolies têtes blondes
leur servir de tuteur
est mon plus grand bonheur

La terre de mes entrailles
est source de création,
elle me donne du travail,
mais c'est une passion.

Ma rencontre avec Clement (2008)

C'est pendant ma période de reconstruction que j'ai rencontré Clément. On se croisait devant l'école de nos enfants et c'est par une amie en commun que nous avons commencé à nous parler. J'avais plaisir à le voir et quelque chose m'attirait, mais je le connaissais en couple alors, je n'osais envisager une relation autre que de l'amitié.

Puis, on s'est croisé un jour, devant la gare de la ville voisine. Je venais de tomber par hasard sur Martine. On s'était saluées avec un sourire véritablement sincère. Que c'est bon d'être en paix avec les gens ! Aucune émotion négative !

J'adore constater que l'être humain a toujours une lumière dans son cœur et que nous sommes tous capables de pardonner.

Préoccupée dans mes démarches et obligations diverses, je marchais d'un pas décidé quand j'ai levé la tête et l'ai aperçu, à plusieurs mètres de moi. Il avait également remarqué ma présence. Contente de le croiser, je me suis approchée de lui et nous avons parlé comme deux grands amis. On se connaissait peu, mais je ressentais une étrange sensation de déjà-vu. J'aimais son allure et son côté fort sympathique. Le sachant musicien, je devinais une très certaine sensibilité chez lui et un côté humaniste qui le rendait attrayant pour mon cœur. Un sourire illuminait nos visages et je sentais que toutes les cellules de mon corps vibraient intensément.

« Nous sommes assortis ! » a-t-il remarqué.

En effet, nous étions tous les deux habillés en rouge et noir. Je lui ai souri tout en restant silencieuse.

Serait-ce un signe ? On a parlé encore un moment. J'ai repensé à Martine que je venais de croiser. Tout à coup, j'ai dit à Clément

— Je suis contente, car je viens de faire la paix avec une femme qui m'avait trahi avec Max. Je ne lui en veux plus. Après tout, ça arrive à tout le monde de tomber amoureux !

À ces mots, nous nous sommes longuement regardés. Nous nous comprenions sans nous parler. Une émotion merveilleuse m'a envahie doucement. Le temps s'est arrêté comme par enchantement. Il s'est passé quelque chose de foudroyant : je venais de succomber.

Puis, le hasard ne nous a pas loupés. Nous nous croisions partout et tout le temps. Comment ne pas penser que dans la vie, il existe des connexions avec lesquelles on ne peut pas agir ? Un célèbre scientifique a dit plusieurs choses au sujet du hasard. Tout est déterminé par des forces sur lesquelles nous n'exerçons aucun contrôle. Ceci vaut pour l'être humain comme pour l'insecte, le légume ou la poussière d'étoiles. Nous dansons tous au son d'une musique mystérieuse, jouée à distance par un flûtiste invisible.

Je le connaissais en concubinage, mais au fil des conversations, il m'apprenait que son couple ne se portait pas bien. Une amitié s'est créée et il passait parfois chez moi pour boire le thé. Toujours très respectueux, il n'était pas dans une démarche de séduction. Un jour, il m'a apporté une lettre de sa femme qui lui annonçait son départ. Elle avait décidé de rompre. Il était triste et désemparé. Je l'ai soutenu comme peut le faire une amie, lui donnant certains conseils pour tenter de la récupérer. Je savais que j'avais quelque chose à faire avec lui, mais il n'était pas question que je l'influence. Il n'était pas du tout dans une perspective d'avenir avec moi et je n'aurais pas aimé être sa maîtresse.

C'est arrivé tout naturellement. Sans l'avoir prémédité. Un jour, j'ai osé poser ma main sur la sienne. On était en train de boire un thé et il me parlait des ennuis qu'il avait avec sa femme. Il m'a rappelé le soir même pour me remercier. Ma main lui avait fait du bien.

Nos rencontres devenaient de plus en plus tendres jusqu'à ce qu'on se retrouve tous les deux allongés sur mon canapé. On se cajolait de manière inoffensive et sans ambiguïté, tout en écoutant de la musique. Deux heures se sont écoulées sans que nous nous soyons rendu compte du temps qui passe. Dans ses bras, je me sentais extrêmement bien. Il était évident qu'une alchimie opérait entre nos deux corps. J'en aurais perdu l'équilibre. Nous étions dans un respect mutuel. Il n'y avait rien de sexuel, mais c'était un délice. Si j'avais été un chat, je me serais mise à ronronner. J'ai été touchée devant le respect qu'il a eu pour moi ainsi que pour sa femme. C'est avec un homme comme lui que je me suis vu soigner mes blocages. Tout mon corps me l'a dit dès le départ.

Cela fait maintenant plus de dix ans que nous sommes amoureux. J'apprends à ses côtés par sa sagesse même si parfois, je le trouve un peu trop passif. Mon côté fougueux et emporté me porte souvent préjudice, mais il garde toujours son calme et je grandis à ses côtés.

Quand l'amour est arrivé dans ma vie, j'eus l'impression qu'un grand lac, en sommeil depuis longtemps, s'était mis à remuer ce qu'il y avait tout au fond. J'ai commencé à avoir des problèmes de confiance. Les doutes m'assaillaient. Est-il possible qu'il m'aime à ce point ?

J'ai rencontré l'amour
à grands pas de velours.
L'amour tendresse, l'amour sincère
l'amour caresse, l'amour à faire

Toute ma vie est en émoi
et mon corps dans tous ses états,
l'amour mature, l'amour complice,
l'amour qui dure, l'amour caprice.

Alors je doute et j'ai très peur
sur une route à cent à l'heure
ne pas te perdre, te retenir,
ne pas me perdre dans ton navire.

Peur de ne pas être à la hauteur
je suis une femme dans toute sa splendeur
Une attachiante de tout son cœur
Il en verra de toutes les couleurs.

Il nous a fallu du temps et beaucoup de hauts, de bas et de débats pour apprendre à nous connaître. Mes réactions d'évitement lors de nos ébats amoureux l'ont parfois dérouté au début de notre relation et je rejetais ses mains de manière agressive lorsque nous dormions ensemble. Il s'est mis à croire que mes gestes barrière s'adressaient à lui. J'ai fini par lui raconter mon vécu et les agressions que j'ai subies. Je me souviens lui avoir envoyé un long texto pour lui confier mon secret. C'était plus facile par écrit. Il a été très compréhensif et s'est adapté à la situation en faisant preuve de beaucoup de patience et de tendresse. Les flash-backs ont continué à se manifester, mais je les abordais autrement et il les accueillait avec humour et intelligence. Plutôt que de les considérer comme des soldats à abattre en me faisant mener un combat alors que je faisais l'amour, je les ai regardés sous un autre jour. Ces soldats étaient là depuis mon enfance et se réveillaient à chaque fois qu'ils me croyaient à nouveau en danger. Il fallait que je les accepte et les rassure avec la complicité d'un compagnon qui me correspondait sur plusieurs dimensions.

J'ai joué la carte de la sensualité et me suis aperçue que c'est aussi une forme de thérapie. Je suis, lors de ces moments-là, devenue actrice et plus jamais spectatrice. C'est une autre porte vers la liberté qui s'est ouverte à moi. Aimer sans retenue, sans retenir et sans rien garder pour soi. J'ai découvert la merveilleuse offrande qu'est la légèreté profonde de l'abandon.

J'avais commencé à régler des choses quand je l'ai rencontré et avec lui, j'ai exploré tous les blocages qu'il me restait à traiter. Le problème de confiance est encore très actif même si je sais qu'il m'aime et me désire. En revanche, je me considère comme résiliente. Il y aura toujours des séquelles, mais je sais contrôler celles qui étaient envahissantes et qui m'empêchaient de respirer.

Nous ne vivons pas ensemble parce que nos quotidiens respectifs ne s'accordent pas sur les mêmes priorités. J'en suis parfois un peu frustrée, mais la femme que je suis devenue apprécie l'indépendance alors au fond, cette situation me convient. La peur de perdre la liberté qu'il m'a fallu des années à acquérir m'empêche de signer des engagements. Que ce soit professionnellement ou amoureusement, j'ai peur de me piéger, attachée à un même pieu toute ma vie.

Clément tolère mon tempérament indépendant et puisqu'il respecte mon besoin de liberté, je suis attachée à lui et désire le rester. Je suis consciente du paradoxe, mais je l'assume. C'est ma plus belle histoire d'amour et j'ai envie de vieillir à ses côtés.

Tout arrive au bon moment. Ça vient quand nous sommes prêts. Je commençais à respirer quand il est arrivé. Cadeau de la vie, réponse à mes prières.

Un monde ailleurs

Je suis dans un espace d'une quiétude indescriptible. Il n'y a pas de sol sous mes pieds. Mon corps est flottant, léger et vif à la fois. Habillée de blanc avec des vêtements qui n'en sont pas, mes mains, qui ne ressemblent pas à des mains d'humain, manipulent une matière lumineuse qui change de forme à mesure que je la travaille. Il me semble que je m'entraîne à un travail sur l'intention que j'envoie pour créer un résultat. Mon plaisir à faire ça est immense. Cette lumière qui semble émaner de moi est comme une matière que je destine à autre chose. Je me sens bien, joyeuse et tranquille. Il y a d'autres personnes avec moi quand, tout à coup, un être qui vient d'ailleurs entre dans l'espace que j'occupe. Il semblerait que je le connais et je devine la raison de son arrivée. Tout en continuant dans mes activités, l'air de rien, j'espère qu'il n'est pas là pour moi, mais c'est déjà trop tard. Le voilà devant moi. Je comprends qu'il vient me dire que c'est le moment pour moi de passer à autre chose et je sais apparemment de quoi il s'agit. Il me semble que c'est parce que j'ai atteint un certain niveau par rapport à l'activité qui m'animait avant sa venue, mais mes souvenirs sont flous. Je regarde les autres qui observent la scène sans mot dire. Personne ne s'en mêle, ils sont neutres. Mon regard se pose à nouveau sur l'être qui vient me chercher et je lui dis d'un ton ferme et décidé :

— Ah non, non ! Moi, je n'y vais pas ! Il me regarde alors de manière tendre et se met à rire ! Il rit de bon cœur, mais ce n'est pas vexant. Je le sais bienveillant. Il ne se moque pas de moi parce qu'il m'aime telle que je suis.

— Viens avec moi, me dit-il gentiment. Sans aucune crainte, j'accepte d'aller où il me guide. Ma confiance envers lui est totale. C'est alors que je me retrouve avec plusieurs personnes comme lui. Je ne peux expliquer pourquoi ils sont différents de moi, mais je perçois que ce sont des êtres supérieurs. Ils me parlent de manière télépathique et tout ce qu'ils me disent me paraît très important. J'assiste en quelque sorte à une préparation psychologique, car il semblerait qu'ils ont un projet. On me laisse le choix et je finis par accepter. J'entends que je vais avoir des aides. Tout cela est très flou et en même temps très clair. L'être qui m'accompagne me dit que je ne me souviendrai de rien et je me vois dans un tunnel en forme de spirale. Mon être est projeté doucement dans un tourbillon géant. Durant cette projection, je me force à ne pas oublier. Impuissante, je sais qu'il n'y a qu'à laisser faire le mouvement qui me fera forcément atterrir quelque part… Il y a une issue à ce tourbillon. Je le sais. J'ai beau me forcer pour ne pas oublier, mes souvenirs s'envolent à mesure que je m'éloigne. Ce que je retiens de cet événement, qu'il soit imaginaire ou réel, c'est que je ne dois pas oublier la lumière, qui est source de toute chose sur cette terre et ailleurs, dans l'univers.

Ce rêve m'est revenu un jour, quand je suis retournée habiter avec Max au pays des cigales. J'ai croisé un couple et j'ai eu l'impression de les connaître alors que c'était très peu probable. J'étais une nouvelle habitante dans le village. Tout à coup, j'ai eu un flash et ce rêve m'est revenu en mémoire. Ils étaient tous les deux parmi les autres êtres que j'ai vus avant de quitter l'espace que j'occupais avec eux. L'image m'est revenue et ça m'a beaucoup intriguée.

Et si ce n'était pas un rêve ? Plusieurs hypothèses me sont venues à l'esprit. Il se peut que les traumatismes de mon enfance soient responsables d'une altération des souvenirs. En effet, le fait d'être projetée dans un autre monde me rappelle que mon père m'a projeté hors de mon enfance. Je quittais mon corps. Ainsi, lors de ses actes insoutenables, mon cerveau aurait-il disjoncté à ce point ? Touchant la mort de près, j'ai peut-être fait une expérience de mort imminente. Mais alors, que vient faire ce couple que j'ai reconnu ?

Comment ai-je pu rêver de quelqu'un que je ne connaissais pas ? Je ne peux pas m'empêcher de conclure que je me souviens de là où je viens et de ce qu'il s'est passé avant mon incarnation. Cela donne un sens à ma vie de savoir que je ne dois pas oublier qu'il existe d'autres dimensions. L'endroit que je vois dans mes songes secrets est un lieu de paix où la lumière est comme une matière vivante. Je ne veux pas oublier. Je me sentais dans une liberté absolue. Je suis persuadée que c'est l'état dans lequel on se retrouve quand on est mort. Il y a forcément une vie avant et après la vie. Nous sommes des êtres spirituels qui faisons une expérience terrestre. Après ça, nous rentrons à la maison. C'est cette conviction qui me donne le courage de continuer à vivre et aimer tout ce qui respire. Je considère ce film souvenir comme étant réel et quand je sombre dans le découragement, je me remémore qu'il y a un sens profond à l'existence, même si je ne comprends pas toujours.

Je me souviens d'un rêve
qui n'en est pas un
entre ciel et terre
je me sentais bien

Artisan de lumière
je sculptais le bien
et savais comment faire
pour veiller au grain
Quand un être m'a dit
de partir de là-bas
je n'en avais pas envie
même si j'ai fait un choix.

Il m'a offert sa main
je lui ai fait confiance
même si je savais bien
qu'on y perd connaissance

Il m'a expliqué des choses
dont j'ai oublié la cause
je devais quitter l'éther,
car c'était nécessaire

Aujourd'hui je suis là,
mais je n'oublierai pas
que là-bas c'était bien
que là-bas c'était mien

J'aime beaucoup les histoires qui ont attrait à l'ésotérisme et je m'y suis intéressée très tôt. Le domaine spirituel me passionne depuis toujours et la réflexion sur le sens de l'existence a commencé à m'interpeller quand j'avais une dizaine d'années. N'ayant pas fait de grandes études, je n'ai pas lu les grands classiques que l'Éducation nationale impose au peuple, mais, j'ai lu et lirai encore de quoi enrichir mes connaissances dans les domaines que j'estime utiles à mon évolution personnelle. J'ai d'ailleurs souvent une manière particulière de choisir un livre. Devant un étalage de bouquins, je me laisse guider par l'intuition en observant l'ouvrage qui va me sauter aux yeux. J'estime, par cette attitude, que c'est le livre qui vient à moi. Très souvent étonnée, j'ai la conviction qu'il y a des signes partout autour de nous. Il faut juste croire en son destin et savoir reconnaître les indices et les aides subtiles venus d'une dimension invisible et bienveillante.

Je refuse la religion. Les cours de catéchisme que j'ai suivis lors de mon enfance ne m'intéressaient pas énormément. J'ai fait comme beaucoup de monde avec les quelques sous que ma mère me donnait pour la quête à la messe du dimanche. Le curé me tendait la corbeille remplie de pièces de monnaie, ma main les frôlait pour libérer un son qui simulait mon don. Avec l'argent, nous nous achetions des bonbons entre amis, à la sortie de l'office sans aucun scrupule et amusés d'avoir dupé l'adulte. Cependant, le soir, je me mettais à genou dans mon lit pour prier de manière très sincère. Ma sœur qui partageait ma chambre me trouvait ridicule de croire en Dieu et de m'adresser à lui. Je trouvais regrettable qu'elle ne soit pas sensible à cette idée-là. Ma conviction était déjà très forte et je m'agenouillais quotidiennement pour que mes prières soient exaucées. Mais ça ne marchait jamais. Après tout, je ne devais peut-être pas le mériter. J'implorais par exemple d'avoir de bonnes notes à l'école, rien n'y faisait. Je n'avais pas encore compris que les choses ne tombent pas du ciel. Plus tard, mon père m'a offert une carte postale où il était inscrit une citation : « aide-toi et le ciel t'aidera ». Il aimait les proverbes et citations. C'est une des plus belles connaissances qu'il m'a transmises, je me laisse souvent guider par ces petites phrases pleines de bon sens.

Puis, j'ai fait ma communion. Ma mère avait organisé une grande journée en réunissant la famille au complet autour d'un repas grandiose. Je me souviens qu'elle avait commandé un gâteau représentant une marquise. Quand on a douze ans, on fait souvent comme tout le monde. Faire sa communion, c'est avoir plein de cadeaux.

C'est une basilique de toute beauté, dans laquelle j'ai reçu mon premier baptême, qui m'invite à l'eucharistie. Vêtue d'une aube, une croix en bois autour du cou, je tiens un cierge dans les mains, tout en avançant doucement vers l'autel, au milieu des autres communiants. Le son des orgues commence doucement à m'envahir et je me sens tout à coup seule parmi tous les gens autour. La voix du curé me paraît lointaine et je n'adhère pas à ses paroles, mais je sens qu'il se passe quelque chose d'étrange (être ange) en moi. Mon être est en communion avec quelque chose que je ne vois pas, mais que je ressens très fort. C'est comme une vibration qui m'apaise. Je regarde la lumière qui passe à travers les vitraux. On dirait qu'elle est vivante et je me sens aimée par une force invisible. C'est comme une grâce que je reçois tout à coup. Désormais, je ne suis plus seule au monde et cette idée-là ne me quittera jamais de la vie. Ce fut une expérience très salutaire, mais je n'en ai parlé à personne. J'ai gardé ça comme un trésor secret. Quand j'y repense, je ressens encore les bienfaits de ce qu'il s'est produit en moi ce jour-là.

Plus tard, je me suis intéressée à toute sorte de religions et philosophies, croyant y trouver les réponses à mes questions. J'ai cherché dans le bouddhisme, le chamanisme, les Écritures saintes, etc. Fascinée par l'Égypte antique et les origines de l'homme, mes lectures se sont souvent orientées dans ces domaines. Curieuse d'apprendre, je me cultive en gardant l'œil critique. Ma liberté de penser reste ma priorité. J'ai une foi incontournable, mais personne ne m'endoctrinera. Dieu nous a laissé le libre arbitre et le dalaï-lama a dit :

— Il y a sept milliards d'êtres humains sur terre, il devrait y avoir sept milliards de religions.

Je t'adresse mes émotions
toi, l'univers tout puissant,
car tu mérites attention
ainsi que remerciements.

Je ne connais pas ton image,
mais te cherche dans les pages
des grands livres de sages
depuis mon plus jeune âge.

Où est la vérité ?
Parmi toutes les religions
Qui peut dire qu'il connaît
le mystère de la création ?

Je n'ai pas cette prétention,
mais pour avoir cherché

j'ai ma propre opinion
que je vais résumer

L'être humain doit te décevoir,
car il t'a oublié
il désire le pouvoir
sans plus rien respecter

À percer les mystères
en utilisant ta science
il n'a pas de repère
et encore moins de conscience.

C'est pour cela qu'aujourd'hui
le mal règne sur terre
et partout il détruit
les valeurs qui te sont chères.

Pourtant je n'ai pas peur,
car je te sens en moi
c'est donc un grand bonheur
que d'avoir la foi.

Tu me donnes du courage
et me remplis d'amour
quand dans mon entourage
=ça devient un peu lourd.

Que ton royaume vienne
éclairer les humains
pour qu'enfin on apprenne
à aimer ton dessein.

Devenir soi-même (2011)

Ma sœur me donnait régulièrement des nouvelles de notre géniteur. Il allait de plus en plus mal. Plusieurs années s'étaient écoulées depuis que je m'étais confrontée à lui. J'étais tout de même allée le voir avec mes enfants quand il a emménagé dans son avant-dernière demeure : L'EHPAD. Sylvette ne pouvait plus s'occuper de lui et j'avais ressenti le besoin de lui apporter mon soutien.

Culpabilité, quand tu nous tiens !

Mon fils Tony s'était contraint à venir. Connaître ce grand-père qui avait fait du mal à sa mère ne l'intéressait pas. Il avait tout de même accepté devant mon insistance, mais j'ai respecté son opinion. Pour lui, ce vieil homme n'était pas digne d'être considéré par ses petits-enfants. On avait pris des photos, mais Tony a déchiré les clichés de lui en compagnie de mon père. Sa façon à lui de se protéger afin de ne pas risquer de lui ressembler. Mon fils a eu la même réaction que mon frère qui a coupé très jeune, les ponts avec notre père.

La maison de retraite a accéléré ses problèmes de santé. Il avait des cancers à différents endroits de la peau, ainsi qu'à l'anus. Ce qui avait obligé la médecine à lui poser une poche au bout de l'intestin. Il en avait honte et ne voulait pas aller manger en salle avec les autres résidents. Je ressentais de la compassion pour lui. Un sentiment de solitude m'absorbait. Impossible de parler à quiconque de ma tristesse. Une question me taraudait l'esprit : est-ce normal d'avoir de la peine pour un être qui a gâché ma vie ?

Le besoin de partager mes émotions m'a guidé vers un site internet, destiné aux témoignages et soutiens aux victimes d'inceste. Il me fallait vérifier si j'étais la seule à réagir ainsi. J'y ai trouvé des informations très intéressantes. Elles m'ont permis de m'accepter de manière définitive. Tout à coup, je ne me sentais plus seule avec un secret. Nous étions pleins d'autres victimes. Loin de me réjouir de constater que l'inceste est un fléau, j'avais enfin trouvé un lieu de confiance pour en parler. Chaque témoignage que je lisais me faisait réaliser que toutes les victimes se sont tues longtemps parce que, tout comme moi, elles avaient honte. Plus nous attendons pour en parler, plus c'est dur de le faire.

En un clic, je tombe sur des documents que les administrateurs du groupe ont laissés à disposition des victimes.

J'y ai découvert des mots : « Stress post-traumatique » ; « Amnésie traumatique dissociative » qui m'ont permis de légitimer après coup beaucoup de mes réactions et dérapages. Les réminiscences, les évitements, mes difficultés à gérer mes émotions, mes envies de mourir, le manque de confiance en moi et en autrui ainsi que cette impression d'être constamment en état d'alerte. Tous ces troubles étaient sans aucun doute, liés à la trahison absolue que j'avais subie dans mon enfance.

Je reconnaissais les mêmes séquelles, plus ou moins intenses, c'était comme si je venais de tomber sur la bible de ma personnalité. Je venais de comprendre pourquoi j'ai toujours eu des colères fortes. Mon entourage proche trouve mes réactions disproportionnées. Max disait que je démarre au quart de tour. Je n'ai jamais identifié mes gènes émotionnels. Mes colères explosaient à chaque fois que je ressentais le moindre manque de respect, de considération à mon égard. Tout sentiment d'insécurité réactivait ma mémoire traumatique qui n'a, pour ainsi dire, jamais été apaisée. Ce traumatisme a dominé mes raisonnements, mes valeurs. Je n'ai jamais réussi à le faire taire parce que je n'étais pas consciente de son existence en moi. C'est comme une entité. Une bombe qui explose au moindre effleurement.

La petite fille que j'ai été est restée en colère. J'en voulais à la terre entière.

En lisant un autre document qui indique les étapes de guérison, j'eus l'occasion de réaliser que j'avais déjà franchi plusieurs stades et dépollué mon mental de toute honte et culpabilité. J'avais repris contact avec mon essence de vie en développant une sexualité vivante où la joie de vivre s'exprime.

Témoigner et me documenter sur ce site n'ont pas été mes seules actions. Moi, j'avais fait la paix avec mon corps, il me paraissait important de le leur dire. Apporter un message d'espoir était devenu ma priorité.

Souvent, c'est un grand-père, un frère, un oncle ou un père. Parfois même, il y a plusieurs pédophiles dans une même famille, plusieurs victimes dans cette même famille. Des histoires toutes différentes et toutes bouleversantes.

Selon les témoignages, il est souvent question de Dieu. Il y a celles qui n'y croient pas et il y a celles qui s'en remettent à lui. On dirait bien que les croyantes sont moins mal en point que les autres.

J'y ai trouvé des sœurs et frères de cœur, voire même une seconde famille. Certaines sont soutenues par leurs maris et j'ai trouvé cela touchant. Ça m'a fait penser à Max, qui m'a soutenu un moment, mais qui n'a pas supporté mes troubles.

Une sœur de quinze ans a imposé un cunnilingus à son petit frère Laurent, alors âgé de 9 ans. Il venait tout juste de perdre sa maman. Eva, une femme de cinquante-sept ans a changé de prénom, car elle ne supportait plus le prénom que ses deux parents incestueux lui avaient choisi. Elle ne voulait plus avoir l'identité que des monstres lui avaient imposée.

J'ai rencontré ces deux derniers de manière réelle. Ce fut une rencontre très enrichissante. Je les considère comme faisant partie intégrante de ma famille. Ils feront toujours partie de ma vie. Une amitié sincère et éternelle s'est installée dès le premier regard. C'était comme si on se reconnaissait parce qu'on s'était déjà connu dans une autre dimension…

Il y a des témoignages horribles, des mères qui ont assisté au crime sur leur enfant, tout en approuvant ou bien se contentant de dire un : « doucement chéri, tu vas lui faire mal ». Ignobles, honteux et insoutenable.

Je me suis souvent demandé si ça me faisait du bien ou du mal de discuter sur ce forum, mais je souhaitais être là et les aider. Les prendre dans mes bras de manière virtuelle, mais efficace quand même. Ça m'a donné la rage de vaincre ce fléau. Briser le silence, franchir le mur de la honte et oser en parler. Une victime ne peut jamais évoquer ce qui lui est arrivé. On peut dire, lors d'une conversation entre amis, qu'on a subi un accident, un cambriolage ou autre catastrophe, mais pas ça. Il y a le regard de l'autre. Ces autres qui croient que c'est un mensonge et qui vous regardent comme si vous aviez la peste. Ce regard qui nous renvoie l'idée que cela nous a enlevé une part de notre intelligence. Les gens ferment leurs oreilles, tout le monde se tait. Condamnés dans le silence. Double sanction. La triple peine arrive à l'âge adulte avec les répercussions que ce traumatisme engendre dans la vie sociale, professionnelle et amoureuse. Le bourreau, lui, peut continuer sa course folle. On dirait même qu'il sait lui-même qu'il sera bien protégé et que personne ne le dénoncera. Protégé par la loi du silence qui paraît programmée dans l'inconscient collectif. INCESTE = TABOU. Je veux être un membre actif pour changer les lois inscrites dans l'inconscient universel. Ce site est donc un formidable moyen de parler parce que ce qui ne s'exprime pas s'imprime.

Je lis alors le témoignage d'une victime qui dit être arrivée au point final : le pardon. Cela m'interpelle. Personnellement, je sens que je suis sur le point de passer à autre chose, mais je n'arrive pas à savoir si c'est un vrai pardon.

Une fille qui porte le même prénom que moi s'inscrit et témoigne : Victime de son père, elle s'est retrouvée enceinte à l'âge de 13 ans.

Les faits ont été révélés par la grossesse et il y a eu procès. À la fin du jugement, sa mère lui a dit :

— À cause de toi, on va manger la merde par la racine…

Puis, elle lui a tourné le dos. Sa fille s'est retrouvée à l'âge de 13 ans en famille d'accueil et maman d'un enfant né du fruit de l'inceste. La maman a repris son mari à sa sortie de prison. Son père mourant, elle s'en remet à Dieu et, devant toute la famille, sur son lit de mort, elle déclare son père de partir en paix. Combien je l'admire !

Il y a aussi Radieuse, musulmane. Victime de son grand-père ainsi que de certains de ses oncles. Son grand-père a avoué ce qu'il a fait avant de mourir, mais elle n'a jamais réussi à dénoncer ses oncles. Comment auraient-ils pu la croire ? C'est trop gros. Elle se souviendra pourtant toute sa vie qu'elle a été violée par ses oncles. Pratiquant la sodomie en lui disant qu'ainsi, elle pourra se marier…

En lisant cela, je pleure. Certains témoignages sont insoutenables et me bouleversent très fort. Je veux rester auprès d'elles. Ensemble, on est plus fortes. Je sens que je deviens une guerrière sans armes. J'ai la rage de vaincre et l'idée de m'engager pour cette cause est de plus en plus tenace. Cela pourrait parfaitement devenir ma raison de vivre après mes enfants. D'ailleurs, je réalise, au fil des commentaires et conversations, que je suis efficace pour trouver les mots qui font du bien. Je connais le phénomène sur le bout des ongles, saisissant rapidement l'état dans lequel se trouve mon interlocuteur. Je mesure ainsi ma progression et estime que je ne m'en sors pas trop mal pour aider autrui.

Nous sommes comme des icebergs. Il y a une face visible, notre corps et une autre invisible, notre « moi » intérieur. Quand on est victime d'une telle violence en portant atteinte au corps, c'est la face invisible qui est touchée. Quelque chose se brise entre les deux parties, mais cela ne se voit pas. L'esprit et le corps se détachent pour ne plus sentir les émotions. Pour ne pas sombrer dans la folie, nous perdons le fil qui nous relie à nous même. C'est ce qui entraîne le déni de soi. Notre « moi » intérieur est absent. L'iceberg devient errant, se laissant entraîner par le moindre courant qui passe et personne ne remarque qu'il lui manque une partie essentielle. Pas même l'iceberg lui-même. Jusqu'au jour où, par chance ou par force, ceux qui s'accrochent quand même, ceux pour qui parfois, ça ne tenait qu'à un fil, ont cherché et saisi une perche. Cela demande beaucoup d'énergie, surtout quand il y a tempête, mais tout est possible. Il y a toujours un fil qui nous relie à nous même sinon, c'est la mort. C'est le fil à soi…

Notre corps nous parle avec des émotions, même des intuitions. Il faut apprendre à y être attentif, à les entendre. C'est notre « âme » intérieure qui nous guide par le ressenti. Écoutons-le avant qu'il ne crie trop fort et qu'il nous mène jusqu'à la mort de soi, à force de trop de silence. Faire confiance en la vie et apprendre à s'aimer soi-même. Regarder cette partie cachée qui nous appelle inlassablement à elle. Se laisser faire dans la patience, la confiance et l'amour. Ce n'est qu'au fil de nos jours que l'on peut à nouveau retisser ou reconstruire notre personne tout entière. Trouver le bonheur d'être soi. Cela ne se fait pas du jour au lendemain, mais petit à petit, à force d'amour pour tout ce qui nous entoure.

Continuant à rejoindre le groupe de manière régulière, je les préviens un jour que je m'inquiète pour mon père. Il est malade, il va mourir et j'aimerais l'apaiser. Lui faire du bien. Je demande sur le forum ce qu'elles en pensent. Suis-je bien normale de souhaiter du bien à celui qui m'a fait mal ? Les opinions sont partagées. Finalement, c'est comme en politique. Chacun a un avis différent sur la question du pardon à accorder ou pas. Certaines victimes ne supportent pas cette idée-là. Je m'en trouve vraiment navrée, voire même désœuvrée.

Pour arriver jusqu'au pardon et pour qu'il soit vrai, il faut être très lucide. Chercher à comprendre ce qu'il s'est passé et connaître au maximum ce qui se joue en nous dans la relation à l'autre. Avait-il la volonté et l'intention de me faire du mal ? Il est nécessaire de faire le discernement. Je suis convaincue que mon père ne s'est pas rendu compte du mal qu'il faisait. Inconscient de lui-même, il est la première victime de blessures dont il a hérité et qu'il a reproduites. C'était un grand malade. Il n'avait pas conscience qu'il allait briser ma vie. Mon père m'aimait. Je n'oublie pas. Je décide spirituellement d'utiliser cette souffrance pour grandir. C'est un acte spirituel qui nécessite d'aller chercher des forces spécifiques en moi.

Y'a-t-il eu deux hommes dans la vie de mon père ? Un, qui buvait jusqu'à perdre raison, et cet autre qui était devenu beau après l'alcool. J'ai peut-être eu la chance de vérifier qu'il a voulu se racheter une conduite. En se sauvant de l'alcool, il m'a un peu sauvée aussi…

Le pardon, ce n'est ni se rabaisser, ni excuser. C'est arrêter d'avoir des ressentiments. Ce sont des émotions qui nous dépassent et nous embarrassent. Il faut arriver à l'acceptation pour se débarrasser de l'emprise de l'agresseur et ainsi lâcher prise. Pardonner, c'est donner une part à l'univers (part donnée) et arrêter de se demander pourquoi. Jamais je ne comprendrai pour quelle raison un être humain est capable d'agir de manière monstrueuse. Qu'est-ce qui pousse un homme, une femme à commettre un acte pédocriminel ? Quelle est son histoire ? Comment aider les coupables ? Quels sont les outils que la société doit mettre en place ? N'y aurait-il pas d'autres solutions plutôt que d'accuser et de punir ?

Je ne pourrai pas changer le monde à moi toute seule. Je décide donc de changer mon monde en arrêtant de me torturer avec des questions qui resteront toujours sans réponses. Nous ne pourrons néanmoins prétendre être une société civilisée que lorsque nous pourrons faire face à ces faits dont la portée est considérable. L'humanité ne peut pas être en paix tant que l'on ne protégera pas les enfants. C'est tout un système qu'il faudrait reprogrammer.

Je suis allée sur un site
De témoignage et soutien
Et j'ai senti très vite
Un espoir pour demain

Des histoires bouleversantes
Des souffrances en commun
Les mêmes choses qui nous hantent
On se donne la main

J'ai trouvé une famille
Des frangines de cœur
Il y a plein de filles
Qui sont dans la douleur

Me voici dans l'univers
Des mots qui font barrière
À la peur, à la honte
Car ensemble on affronte

Il y a aussi des hommes
Qui viennent sur ce forum
Et je leur tire mon chapeau
Car ce n'est pas rigolo

Cela me fait de la peine
De lire toutes ces horreurs
Mais maintenant je vous aime
Et c'est un grand bonheur

Soyons fortes mes sistas
Ils ne nous auront pas
Nous sommes les guerrières
De ce monde pervers

L'enterrement (2012)

Mon frère conduit sur l'autoroute qui nous mène à l'enterrement de notre père. Il vient de mourir… C'est envahi par le sentiment qu'il attendait quelque chose venant de moi avant de quitter ce monde, que j'avais pris mon stylo d'une main tremblante pour lui envoyer une lettre, une dizaine de jours plus tôt. Une idée obsédante m'avait poussée à l'aider à mourir. Il résistait à la mort et souffrait terriblement. Peut-être qu'on ne lâche la vie qu'à partir du moment où l'on est prêt. Culpabilité, quand tu nous tiens !

Ce courrier, bien qu'ayant un goût funeste, contenait l'expression de mes sentiments les plus purs à son égard. Il y a trouvé les mots qui l'ont soulagé. Je n'ai jamais pu me défaire de l'amour que j'ai eu, malgré tout, pour mon père et je lui ai parlé de toute la peine que j'avais en le sachant souffrant. Lui rappelant quelques bons souvenirs, j'espérais, par ces mots, lui faire du bien. Il semblerait que ce fut le cas puisqu'il s'est abandonné à l'autre rive quelques jours après avoir eu des nouvelles de sa fille aînée. Je savais intuitivement que mon message écrit serait la dernière occasion de m'adresser à lui de manière terrestre. Mon cœur avait réagi fortement lorsque j'avais glissé l'enveloppe dans la boîte postale.

Nous allons faire 500 km tous les deux. C'est Tanguy, le chef de la famiiiglia ! Pourtant, je suis l'aînée, mais je lui laisse volontiers cette place qui lui va très bien. Et puis, ça me laisse du coup, la sensation que je vais me laisser porter, mais cette impression n'est que de courte durée. Mon tempérament veut que je sois constamment en état d'alerte. Ce n'est pas du stress, mais mon cerveau anticipe les événements et réactions de manière naturelle. Je garde également bien en tête que j'ai le rôle de copilote et de soutien psychologique. Mon frère n'a pas eu l'occasion de s'exprimer auprès de son père. Je veux être sa confidente. Il doit vider son sac. Il faudrait que je l'aide à cueillir quelques brindilles de mots qui hurlent en lui, afin d'extraire un peu de ce parfum que son chagrin émet jusqu'à moi. Je sens sa douleur, il faut que je l'aide. Moi, je me suis exprimée, je vais bien. Je suis la seule des trois enfants à avoir pu le faire. S'exprimer. Tout est là et je vais bien. Je me sens presque coupable, mal à l'aise d'être aussi bien. Si seulement il avait pu le faire. Il ne le fera jamais. Trop tard… Pas même sur le lit de mort puisqu'il est ferme et catégorique, il n'ira pas le voir une dernière fois. Mon frère, c'est un dur à cuire. Il préfère se faire violence au risque d'avoir des regrets et ne jamais pouvoir s'en remettre. Je pressens qu'il se protège en faisant ce choix. Il veut tenir debout pour la famille qu'il s'est créée et il est heureux ainsi. Je n'insisterai que très peu sur son choix que je respecte. Ceci dit, cela me fait quand même beaucoup de peine. J'ai l'impression qu'il en veut à la terre entière. Je me surprends à me demander s'il en veut à moi aussi. Après tout, quand j'y pense, tout vient du moment où j'ai dit à mon frère, alors qu'il était âgé d'environ 25 ans, ce que m'avait fait cet homme qui est notre père. Mon frère n'a pas supporté cette idée et s'est mis à le rejeter à partir de là. Si je n'avais rien dit, il aurait continué de côtoyer son père… il n'aurait pas le chagrin qu'il a aujourd'hui. Finalement, j'ai bien foutu la m… quand j'ai parlé. Oui, mais, si je n'avais pas parlé, est-ce que je serais aussi bien qu'aujourd'hui ? Je suis convaincue que non. Suis-je égoïste alors ? Toutes ces questions m'ont bouleversée. Il y avait un concentré de tout le vécu, dans les trois jours que l'on était amené à vivre. Incapable d'en parler durant le trajet, je compte bien revenir sur la question avec lui prochainement. Est-ce qu'il m'en veut ? J'espère que non…

Après six heures de route ensemble, à échanger et philosopher sur tout, comme à chaque fois que l'on se voit, nous sommes arrivés auprès de notre mère. On y a rejoint Margot. Comment va-t-elle ? Qu'est-ce qu'elle va nous faire ? Aura-t-elle la force ? À nouveau, je me sens la protectrice de la fratrie. Je suis la seconde maman. Nous avons pleuré. Ma mère a un énorme chagrin. C'est bouleversant de constater que l'on n'oublie jamais le père de ses enfants, même si les souvenirs ne sont pas réjouissants. Elle vient de perdre quelqu'un de cher alors elle relate leur jeunesse ensemble, cet amour qu'ils ont eu l'un pour l'autre. Les échecs, et ce qu'elle vit comme tel. Ce qu'ils auraient dû faire et ne pas faire pour sauver leur couple du divorce. Ses regrets de ne pas avoir pu le revoir une dernière fois pour lui dire des choses gentilles… Elle ne pourra pas être présente à l'enterrement, car elle est en rééducation pour son épaule.

— On dirait que c'est fait exprès ! a-t-elle dit agacée.

Je la comprends. Son chagrin a même quelque chose de rassurant dans le sens où, cela prouve qu'ils se sont vraiment aimés. Nous avons été conçus par amour et ça fait du bien de le savoir.

Puis, nous sommes rentrés chez ma sœur où nous attendait son concubin. Il nous avait préparés à manger bien généreusement, mais nous n'avions pas vraiment d'appétit.

Mon frère est mal, je le vois, ça ne lui passe pas. Silencieux, serrant les dents, il ne lâchera pas une seule larme. Je crois qu'il a un sacré chagrin et qu'il fait un effort surhumain pour ne pas sombrer alors j'ai de la peine pour lui. Ma sœur est mal en point aussi. L'ambiance n'est pas du tout au beau fixe, mais nous sommes soudés ensemble et ça, c'est très fortifiant. Demain, c'est le jour J, on va se coucher sans conviction, car le sommeil risque d'être perturbé. On n'enterre pas son père tous les jours…

Au réveil, personne ne parle. Nos échanges de regard suffisent à nous comprendre. Inutile de parler, les émotions s'expriment dans les moindres muscles du visage. On se connaît tellement que l'on sait. On aimait notre papa, mais il y a eu beaucoup de ratés, dans les vécus de chacun des enfants. Ce qui nous a éloignés de lui. On a attendu des gestes de sa part, mais il semblerait que nous n'avons pas été compris. Aujourd'hui est un jour qui nous dit sans pitié que c'est maintenant trop tard. Plus la peine d'attendre puisque la mort ne revient jamais sur sa décision. Nous avons le choix d'entretenir des regrets ou pas. Pour ma part, je les refuse puisque j'ai tenté des choses. Est-ce qu'il en sera également ainsi pour Tanguy et Margot ? Cela m'inquiète pour eux, alors je m'isole dans une chambre pour prier un peu.

— Seigneur, leur souffrance me fait mal. Moi, je me suis exprimée, mais pas eux. Aidez-moi à trouver un moment, lors de l'enterrement, pour exprimer leur douleur à la famille afin qu'elle soit entendue. Je pressentais que dans les membres proches, ils allaient dire que l'on ne s'est pas occupé de notre père. Nous n'allions pas le voir et nous fichions bien de son état. C'était déjà ce qu'ils pensaient de toute façon, alors, pourquoi ne pas profiter de cette occasion, pour glisser quelques mots afin d'éclaircir les esprits. Oh ! Bien sûr, je ne veux pas faire scandale, je veux simplement avoir le courage d'affronter les, soi-disant, bien penseurs, afin d'expliquer délicatement notre attitude et notre absence auprès de lui. J'aimerais qu'ils se rendent tous, bien compte, que nous avions nos raisons. De retour au salon, je m'adresse à mon frère droit dans les yeux :

— Tanguy, ta relation au père a été brouillée quand je t'ai dit ce qu'il s'est passé pour moi…

— Eh oui ! ça, c'est évident…

J'ai laissé un moment de silence parler à ma place avant d'enchaîner :

— Est que tu m'en veux ? Le ton disait à quel point cela comptait pour moi.

— Je t'en aurais voulu si tu ne me l'avais pas dit.

Sa réponse inattendue m'a fait un bien énorme. Il est intelligent, mon frère, je suis fière de lui. Après tout, il aurait pu m'en vouloir, je lui aurais même accordé une certaine colère envers moi. Je l'aurais sûrement comprise, mais j'imagine que cela aurait remis en cause ma reconstruction. Mon bonheur n'aurait pas été total s'il avait réagi différemment.

Nous avons dû nous forcer à manger un peu avant de partir pour rejoindre une dernière fois notre père qui nous attend peut-être aussi. Chaque pas que j'ai fait à partir de ce top départ m'a donné du mal, car j'avançais vers l'ultime épreuve. Je suppose que c'est pour tout le monde comme ça. Nous sommes montés tous les trois en voiture. Mon frère a mis le contact et la radio s'est allumée. Comme par hasard, la magnifique chanson d'Adèle : « This Is the end » nous a accompagnés lors du début de trajet. La tristesse ne pouvait être qu'à son comble et personne ne parlait. Chacun était dans son histoire personnelle, seul, face à la relation tissée avec lui. Perdu dans ses pensées, mon frère a manqué deux fois de perdre le contrôle du véhicule. Sachant que j'ai peur en voiture si ce n'est pas moi qui conduis, il m'a regardé dans le rétroviseur. C'est mon frère, il me connaît par cœur. Là, je n'ai rien dit du tout. Il n'y avait rien à dire. Il nous a mis un CD d'un chanteur poète dont notre père était fan. Afin de nous relier à lui durant le trajet. Mon père aimait la poésie.

Le panneau nous rappelle que c'est là qu'il faut tourner, nous sommes bientôt arrivés. Nous passons le champ de courses, lieu du crime sexuel dont ma sœur a été victime. Je la regarde, elle est devant, à côté de mon frère. Mon regard accompagne ses pensées que je devine. Je lui prends la main. Nous nous comprenons : le viol, la baffe que mon père lui a mise… Elle pleure, personne ne parle. Nous traversons la ville et nous voilà devant les pompes funèbres. Il est là. Nous sommes les premiers arrivés. Les oncles et tantes vont nous rejoindre bientôt. C'est presque un goût de retrouvailles, mais les motifs sont tout autres. Nous rentrons tous les trois dans l'entrée. Une porte indique son nom. C'est bizarre de voir son nom sur cette porte. Je regarde mon frère et ma sœur pour leur dire que je vais franchir le pas et me revois en train de pousser cette porte tout doucement. Mon cœur bat la chamade, j'ai un trac fou. Il y a des fleurs sur les côtés de la pièce et au fond, deux autres portes coulissantes entrouvertes. Il repose là derrière. Je ne vois qu'une partie de son corps. C'est le haut de ses jambes.

À mesure que j'avance, toujours tout doucement, mes yeux me dévoilent d'autres bouts de son corps. Je vois maintenant son torse, puis son menton. Stop, je m'arrête, je respire. Je me penche vite en avant puis de nouveau en arrière. Ça y est, je l'ai vu. J'ai un choc. Il est vraiment mort, il n'y a pas de doute. On a beau le savoir, c'est quand même choquant. Je respire, mon cœur est prêt et je m'avance franchement vers lui. Je touche le lit et les mots arrivent tous seuls :

« Voilà, ça y est, c'est fini. Maintenant, tu es tranquille et en paix. Tu as beaucoup souffert et nous aussi. C'est la fin d'une histoire, la tienne. On ne s'est pas bien compris, mais maintenant tu es libre. Va rejoindre ta mère, tu as assez payé, que la lumière t'accueille. »

Le silence omniprésent est une opportunité pour retenir la paix qui semble régner entre lui et moi. La mort ne fait pas de bruit, elle nous plonge dans le vide et le mystère. Est-ce qu'il m'entend ? Est-ce qu'il me voit ? Mes paroles lui font-elles du bien ? Pourquoi m'a-t-il pris l'envie de lui dire d'aller rejoindre sa maman ? Est-ce que je le considère comme un enfant qui n'aura jamais grandi ? Est-ce que je lui parle pour nettoyer avant tout mon âme, grâce à la sienne qui s'en va ? Je suis en train de fignoler le travail que j'avais commencé : ma thérapie. Sa mort serait elle l'occasion pour moi de ritualiser ma renaissance ? Une communion avec moi-même.

J'entends derrière la porte que les autres membres de la famille sont arrivés, je les rejoins. Margot veut dire au revoir à son père, elle ne peut pas le faire seule. Tanguy ne veut toujours pas y aller. Je prends donc ma sœur par la main, dans mes bras afin de la soutenir. Elle est au creux de mon cœur comme une petite fille fragile qui va tomber sous le poids de l'émotion. Je l'entends lui dire « je t'aime papa » et puis c'est tout. Seules les larmes savent parler le langage de sa douleur. Elle veut ressortir, c'est trop dur. Les voilà qui nous attendent pour organiser l'événement. Mon oncle Alan, sa femme Mireille, l'oncle Maurice, Sylvette est là avec son fils. On ne s'est pas vu depuis plusieurs années. Nous formons un petit comité apparemment sympathique, mais je sens qu'il y a des tensions. Tout le monde se parle bien, mais il y a comme un malaise. Moi-même, je ne sais pas de quel côté ça va sortir.

Mon oncle Alan s'adresse à moi :

— Nous avons préparé un texte qui résume la vie de ton père et il y a un poème à lire. Nous avons pensé à toi puisque tu es sa fille aînée. Es-tu d'accord ?

Moi ? Lire deux textes devant tout le monde ? Je n'aurai jamais la force et lui réponds donc :

— Lire deux textes me paraît au-dessus de mes forces, mais je veux bien en lire un.

Puis, je m'adresse à mon frère :

— Tu ne voudrais pas en lire un, toi ?

— Non, moi, je ne peux pas.

— Alors je lirai le deuxième, répondit Alan.

Il me montre les deux textes et sans les lire, je choisis le poème, car en voyant le titre « comme un arbre », j'ai compris qu'il était pour moi. J'adore la poésie et les arbres sont mes amis depuis l'enfance. J'avais mon arbre et je m'y réfugiais souvent. Il me donnait de sa force et je l'aimais passionnément.

Me voilà donc, avec ce poème dans les mains. J'ai un trac fou, ma respiration est très rapide, il vaut mieux que je m'isole pour le lire et me préparer au mieux. Savoir ce que je lis me permettra d'avoir une certaine aisance devant autrui tout à l'heure.

Comme un arbre,

Nous te voulions invincible

Dans la tourmente

Tu nous tenais les bras (euh…)

Comme pour nous protéger (boom ! mon cœur m'envoie un gros coup au milieu de la poitrine) ***Tu étais toujours paisible*** (pour être paisible, il l'était, j'aurai même dit passif…)

Comme un arbre,

Tu as tissé des liens si forts (putain, je ne peux pas lire ça)

Noué des attaches si solides

Dans la nuit (quoi dans la nuit ?)

Tu nous donnais la main (non, vraiment, c'est trop pour moi, si je lis ça, je fiche ma thérapie en l'air. J'aurai l'impression d'être hypocrite face à moi et à ma fratrie).

Les battements de mon cœur s'accélèrent. Je tremble. Mes yeux balaient la pièce où se trouve ma famille paternelle, je regarde mon frère avec son chagrin refoulé, ma sœur et ses faiblesses. Elle pleure. Mon corps me crie que si je lis ce texte comme une hypocrite, il m'arrivera malheur. On dirait qu'il va falloir que je sois franche et que c'est pour maintenant. Comment leur dire que je me dégonfle et que je ne pourrai pas tenir mon engagement ? Déjà que j'ai la réputation d'avoir un sale caractère, ils vont encore pouvoir confirmer que malgré les années, je n'ai pas changé. Tant pis, j'assume mon tempérament, j'assume surtout qui je suis. Ma tremblote me fait penser à une alcoolique qui a besoin de sa dose, je sais que ce sont les émotions qui me charcutent et me malmènent. Impossible de contrôler l'intensité. J'ai beau penser à ma prof de chant qui m'a appris la respiration par le ventre, rien n'y fait, mon corps est en panique, c'est très violent. Personne ne parle, on dirait que mon état transpire jusqu'à eux et que tout le monde le ressent. Ce silence m'invite à prendre la parole et je m'avance sans regarder personne.

— Euh ! Je suis embarrassée… Je ne voudrais pas me faire remarquer avec mes réflexions, mais quand je lis, « ***tu as tissé des liens si forts*** », cela ne ressemble pas à la relation qu'il a entretenue avec ses enfants. Personnellement, je me suis exprimée auprès de lui et, pour moi, ça va bien, mais ce n'est pas le cas pour mon frère et ma sœur. Notre père s'est éloigné de nous.

Ça y est, je l'ai dit ! Merci, Seigneur, tu m'as aidé encore une fois. Tu m'as donné cette occasion que je souhaitais. Parler pour ma fratrie. Je relève la tête et je tends le poème à ma tante Mireille, mais elle le refuse et me dit :

— Allez en parler tous les trois dehors et prenez votre décision.

Ma sœur sort tout à coup en disant :

— Je ne peux pas entendre ça !

Je regarde mon frère et lui dis :

— Tu viens Tanguy ?

Je le vois acquiescer et me suivre comme un zombi vers la sortie. Une fois dehors, je trouve ma sœur en colère :

— Je ne peux pas entendre ça ! disait-elle.

— Qu'est-ce que tu as ? lui dis-je.

— Tu n'as pas entendu Alan quand il a dit qu'il ne sait pas si c'est le père ou bien les enfants qui ont laissé tomber l'autre.

— Ah non ! pas entendu.

À mon avis, ce que je venais de dire m'avait envahi la tête. Ça avait dû me prendre une telle énergie que j'ai dû rester dans une bulle pendant quelques secondes. Ce qui fait que je n'ai rien vu ni entendu de ce qu'a dit mon oncle. Par contre, mon cœur s'était calmé. J'étais à nouveau dans la maîtrise, mon corps était rassuré, je n'allais pas lui faire subir le déshonneur de lui mentir.

— Laisse tomber, ils sont ignorants… a dit mon frère.

— Qu'est-ce qu'on fait alors pour ce texte ?

Mon frère m'a dit :

— ce texte, c'est pour les autres, mais vas-y, lis-le.

Margot m'a également donné son accord. Je me sentais du coup, en accord avec les membres de ma fratrie. Le fait que nous prenions cette décision tous les trois m'a fait du bien. Je ne me mettais pas à l'écart et nous étions en harmonie ensemble et avec les événements. Unis comme jamais, nous sommes entrés rejoindre les autres. Ils parlaient d'autre chose, comme si de rien n'était, mais nous ne sommes pas dupes. Il est évident que je venais de lancer une petite bombe.

— C'est bon, je le lis… ai-je lancé. Personne n'a rien dit et nous avons enchaîné par la mise en bière. J'avoue que ça fait drôle de voir arriver les croque-morts avec une visseuse. C'est le moment de l'ultime au revoir. On était autour de lui. Je l'ai regardé longtemps et on aurait dit, pendant un moment, qu'il faisait un geste de la main. Comme s'il nous disait :

— Pff ! je suis mort, ce n'est pas grave, on s'en fiche, je suis bien tranquille…

Les croque-morts ont refermé le cercueil à coup de grosses visses. J'ai trouvé ça assez violent. Comme si le mort allait ressusciter et risquer de sortir de là un de ces jours. J'ai versé mes larmes à ce moment-là. Oncle Maurice m'a pris dans ses bras. C'est bien la première fois de sa vie que ça arrive, mais ce n'est pas sans me déplaire. Il n'est jamais trop tard pour dire aux autres, par un geste simple, qu'au final, on les aime. Je pense que ça fait du bien à celui qui reçoit, mais aussi à celui qui donne. Les égoïstes ne connaissent pas le bonheur que procure le fait de faire du bien à autrui.

Nous voilà devant le cimetière. Le corbillard est en place devant la tombe. Les gens venus rendre un dernier hommage à mon père sont là. La famille proche et celle plus éloignée. Le neveu de ma grand-mère me salue avec sa femme. Elle me touche les cheveux et me dit :

— Oh ! tu es bien une Pellezzi, toi !

Quel plaisir pour moi d'entendre que je suis bel et bien issue de ma grand-mère et que j'ai en moi quelque chose qui continue de vivre d'elle. Mes cheveux portent son nom de famille. À voir son neveu, on a les mêmes boucles et j'ai reconnu dans son regard, le bleu des yeux de mes enfants. Les souvenirs submergent ma mémoire à mesure que je vois apparaître des gens. Ils ont tous bien vieilli, ça fait un peu mal de se dire que le temps passe et que tous ces gens sont devenus comme des étrangers. Pourtant, il y en a bien dans le tas, qui nous connaissent bien. Il y en a même qui connaissent le secret bien gardé de ma grand-mère : qui est le vrai père de mon père ? Ce n'est pas le jour pour faire une enquête. Mon oncle m'invite à ses côtés, devant le corbillard. Nous allons lire les textes et c'est moi qui commence. Boum ! ça recommence, mon cœur panique. Je le fais taire avec ma respiration. Je gonfle mon ventre et je souffle en vidant toutes mes émotions. Cette fois-ci, on dirait qu'il m'écoute. Mon cœur, c'est mon pote.

Le monsieur tend le micro devant ma bouche et me dit :

— C'est à vous, parlez tout doucement.

Je tiens ma feuille dans les mains, elle me trahit en tremblant légèrement, mais ce n'est pas très grave. Après tout, j'enterre mon père, comment ne pas trembler ? Je lis le titre :

Comme un arbre Ma voix dans un micro. Moi qui n'aime pas ma voix, pour une fois, je la trouve bien. Elle exprime la sincérité tout simplement.

Comme un arbre,
Nous te voulions invincible
Dans la tourmente

Tu nous tenais les mains

Euh ! Pardon ! (*loupé, je viens de me louper ! mon oncle me lance un regard, je me ressaisie)* ***Tu nous tenais les bras***

Comme pour nous protéger

Tu étais toujours si paisible (heureusement que j'ai eu l'accord de ma fratrie). Jusque-là, je ne sais pas trop ce que je lis, c'est une lecture machinale, mais je décide de vivre vraiment les trois derniers paragraphes.

Comme un arbre

Tu as tissé des liens si forts

Noué des attaches si solides

Dans la nuit

Tu nous donnais la main

Dans le silence (le silence, parlons-en du silence...) ***Tu nous ouvrais ton cœur.***

Aujourd'hui

Les saisons te rappellent

Et nos chemins se croisent

Sans jamais se quitter

Comme un arbre

Arque bouté de la terre jusqu'au ciel Les souvenirs reviennent Racines de la vie.

Le silence nous plonge ensemble dans nos pensées qui vont toutes vers lui. Mon frère avait raison, ce texte était pour les autres, mais l'avoir lu n'a pas parasité ma thérapie. Ce fut une expérience valorisante. Plus tard, quelqu'un m'a dit qu'il a beaucoup aimé mon élocution. Du coup, j'en prends bien note pour me nourrir de confiance en moi.

Alan lit à son tour son texte. Il retrace les grandes lignes de la vie de cet homme qui vient de nous quitter. Son histoire, son travail, son mariage, ses enfants, ses engagements auprès de la croix rouge, son poste de président dans une association pour alcooliques anonymes et sa maladie qui l'a plongé dans le handicap en le privant de mobilité et de parole pendant dix-sept ans. Il avait des côtés intéressants, mon père ! Plein de qualités et tout son contraire.

Je repense à son histoire en silence. Celle que personne ne racontera parce que dans cette famille, il y a des choses qui ne se disent pas.

Né en 1943, pendant la guerre, d'une mère italienne et d'un père Calabrais inconnu, qui ne l'a pas reconnu comme étant son fils. Cette histoire est restée secrète et tabou. À cette époque, j'imagine que sa venue au monde a été perçue comme une honte, un déshonneur. Est-il né d'une histoire d'amour ? D'un viol ? Personne ne sait, c'est un secret. Il n'a pas cherché à savoir la vérité pour ne pas blesser son père adoptif, préférant enfouir et refouler ses origines. Connaître ses racines lui semblait ridicule et inutile. Pourtant, j'imagine que cette situation a dû lui causer beaucoup de souffrances, mais il ne les a pas exprimées. Préférant ne rien dire pour ne pas blesser ses parents. Devenu grand, il a choisi l'alcool pour noyer son chagrin. Je suis persuadée qu'il a énormément souffert. Moi, sa fille, j'ai voulu l'aider à crever son abcès.

« Papa, j'ai voulu te sauver, te libérer du mal. Je te posais souvent des questions sur ton histoire. Souviens-toi, je voulais que tu trouves d'où tu viens et je te bousculais pour guérir tes maux. Mais tu n'as rien fait. La passivité a habité ton personnage toute ta vie et nous, tes enfants, tu nous as côtoyés sans vraiment nous voir. Nous étions les fruits d'un arbre qui avait des racines manquantes et tu n'as pas accordé beaucoup d'importance au devenir de tes fruits, tout comme tu n'en as pas accordé à tes racines. Je regarde vivre mes enfants, tu ne les as pas vus non plus. Tout ce bonheur que tu as raté papa ! Quel souvenir reste-t-il à mes enfants de leur grand-père ? Rien, tout est vide », lui ai-je dit par la pensée…

Je choisis malgré tout de faire la dissociation entre plusieurs facettes de son personnage et de ne pas tout rejeter. Il est bon de se dire qu'il y a toujours un printemps qui se cache derrière l'hiver, tout comme il y a de l'amour dans chaque être humain. Mon père m'a fait ça par ignorance. Il m'aimait mal, mais ne voulait pas gâcher ma vie.

Puis, je rejoins ma fratrie. J'aperçois Tanguy dans les bras d'une cousine. Il pleure, ça y est, il lâche enfin quelques larmes. On se prend tous les trois dans les bras pour le bouquet final. Ce n'est pas un feu d'artifice, mais on le glisse maintenant sous terre. Chacun de nous, chacun son tour, lui lançons des pétales de roses. Sylvette a pris mon frère dans ses bras, elle reconnaît qu'il est mal en point et l'entoure de sa chaleur. Elle le comprend, il est soutenu. Ma sœur aussi va de bras en bras. Il règne une forte odeur de solidarité et c'est bon de s'en imprégner. Le croque-mort me tend la coupelle et me dit :

— Il reste des pétales à lancer, tout le monde est passé, voulez-vous le faire ?

J'ai pris le contenu, poignée par poignée.

Tu es mort, papa est mort. Les fantômes de ma tête vont-ils mourir avec ta mort ? Vas-tu les emporter avec toi loin de moi ? Seras-tu protecteur maintenant que tu as quitté ton manteau de chair ? Ce manteau qui t'a fait basculer vers les tentations. As-tu assez payé ? Seras-tu délivré du mal ? Ta fin de vie a été chargée de souffrances, on dira que tu en as bavé et c'est la vérité. Tu as payé pour tes péchés.

Est-ce Dieu ? Est-ce que tu t'es puni toi-même ?

S'il est vrai que notre âme choisit ses parents, alors, avec toi, j'ai fait fort en empruntant un chemin semé d'épines, mais qui mène vers l'expérience du pardon. Je ne pardonne pas les actes, mais en ayant analysé les choses sous plusieurs angles, je ne trouve la paix qu'en donnant une part à la vie. Avec toi et grâce à tes fautes, je me rapproche de la sagesse et je te demande de partir en paix. Que ton esprit soit tranquille, tu as rempli une mission : celle de m'éveiller spirituellement.

Ça y est c'est fini
Te voilà parti
Tu as beaucoup souffert
Et tout payé sur terre

Va-t'en au paradis
Maintenant ça suffit

me voilà soulagée,
car tu es délivré
Le mal t'avait rongé la culpabilité t'enfermant en prison attendant mon pardon
Je t'ai tout exprimé
Ma colère, ma douleur
et tu as tout nié
Inconscient de l'horreur

Mais peut-on assumer
D'avoir autant fauté ?
quand on est coupable
De l'irréparable.

J'ai vraiment tout fait
Égale à moi-même
Pour avoir la paix
Qui coulera dans mes veines.

Tu sais ce que j'en pense
Tout en t'endormant
et je te vois qui danse
Libéré maintenant

Va-t'en au paradis
Maintenant ça suffit
Me voilà soulagée,
Car tu t'es envolé

Plus de pétales. Je reste quelques minutes déconnectée du monde terrestre. Mon esprit est avec lui. Je le sens tout autour. Il m'aime et est fier de moi. Je le sens. On dirait que je suis dans une bulle, seule avec lui. Juste lui et moi. Je me crois dans un film du genre « ghost ». J'ai l'impression qu'il est vraiment tout près de moi, à cet instant-là.

Je crois que l'on s'est dit quelque chose qui ressemble à : Tu verras, on se retrouvera.

La musique de son chanteur préféré s'arrête, le concert est terminé. Papa est enterré. Certains membres de la famille proche nous retrouvent dans un bar. On boit tous un café ou chocolat chaud accompagné de petits gâteaux. Tout le monde se parle avec affection. Cela fait du bien de nous aimer comme ça. Il fallait un enterrement pour entendre des mots simples comme : on est de la même famille, il ne faut pas couper les liens. Mon frère sourit enfin, il est complètement détendu. Sylvette veille sur lui et ma sœur va plutôt bien aussi. Une de mes arrières-tantes me fait signe de me rapprocher d'elle :

— Tu me chantes la chanson « mamy Blue » ?

Devant mon air interrogateur, elle me dit :

— Tu ne te souviens pas que quand tu étais petite, ta grand-mère te mettait debout sur la table et tu nous chantais des chansons. Elle te faisait imiter Dalida et tu amusais la galerie.

Cela nous a fait rire. C'est un régal que de renouer avec le passé.

C'est mon frère et moi qui partons les premiers. Nous avons cinq cents kms à parcourir pour rentrer et je le sais pressé de retrouver les vrais siens. Sa famille à lui, sa vie loin de tout ça. Je vais rejoindre la mienne aussi et la vie continuera… Adieu papa !

Je ne pensais pas que sa mort me ferait cet effet-là. Quelques jours après son enterrement, j'ai commencé à me sentir entière avec moi-même. J'avais retrouvé la pièce du puzzle qu'il m'avait manqué pour être complète. Je me sentais femme. Envie de changer ma garde-robe, de m'habiller de manière plus féminine et coquette. J'avais définitivement quitté mon passé. Je découvrais ma féminité. Le pardon accordé me donnait accès à la liberté d'être vraiment moi. J'allais enfin accomplir ce pour quoi je suis faite. Envie de création, de théâtre, de danser, de chanter, de finir d'écrire ce fameux livre et surtout aimer la vie jusqu'à mon dernier souffle.

Je n'en reviens pas qu'il soit mort quelques jours après ma lettre. Cette lettre couvée trois jours avant de l'envoyer. Je lui parle de sentiments légaux et normaux. Il reprend sa place de père et moi, ma place de fille. J'évoque un amour filial et je pense lui avoir fait du bien. Je suis étonnée de la femme que je suis devenue. Comment se fait-il que je sois dotée d'une telle capacité d'empathie ?

J'arrive à faire la distinction entre les différentes facettes de son personnage et je constate que j'aime certains côtés de l'homme qui aura brisé une bonne partie de ma vie. Je me surprends à penser que maintenant qu'il est au ciel, il me protégera comme un vrai papa. C'est une histoire qui se termine. Je dois faire le deuil d'un père que je n'aurais jamais eu. J'ai compris également quelque chose de très important. Mon père n'a pas été reconnu à la naissance et c'est moi, qui hérite d'un manque de reconnaissance. Il est temps de me débarrasser de ce sentiment qui me poursuit puisqu'il ne m'appartient pas. Je lui redonne cette carence parmi les autres.

Tourner la dernière page du livre de mon passé. Pleins de livres qui m'attendent. Je vais maintenant pouvoir les lire, l'accès est libre. J'ai soigné un arbre malade pour que ses fruits restent en bonne santé. Je l'ai soigné pour l'avenir de mes enfants et les générations futures qui naîtront de sa sève. Je vais semer des graines positives dans le jardin de mon âme et de mon futur. Les mauvaises herbes sont arrachées à leurs racines et j'ai une nourriture du tonnerre pour mon sol : tous les déchets de ce que j'ai mangé qui, avec le temps et les derniers événements, sont devenus un engrais très efficace. Maintenant, ça va pousser.

Un jour, tu m'avais dit
qu'une fois au paradis
en espérant le pouvoir
tu reviendrais me voir

Que ce soit vrai ou pas
de toute façon, tu es là
dans le visage de mon passé,
car c'est par toi que je suis née

Alors tu vois, je pense à toi
et je crois même que je te ressens

Tu viens peut-être parfois chez moi
dans l'intention d'un bienveillant

Tel un fantôme du firmament
venant veiller sur ses enfants,
sans tentation de la chair
Tu n'es plus un pervers.

Il m'a fallu faire du tri
avec tes pathologies
garder ce qui est bon de toi
et jeter ce qui ne l'est pas.

C'est par tes vices cachés
que tu as tout gâché
La confusion des sentiments
Du poison dans mon sang

Ça a fait des ravages
Sur mes plus belles années
Un énorme carnage
sur mon identité

Jetée dans une cave
je n'ai pas dit un mot
L'ambiance y était grave
à y perdre son ego

Il m'a fallu du temps
pour sortir de là-dedans
Tu m'as privé de mon enfance
En avais-tu conscience ?

Je t'ai tout exprimé
Et tu sais ce que j'en pense

Je sais que tu m'as aimé
C'est la plaie que je panse

C'est bien grâce aux mots
que j'ai soigné mes maux
même si je reste marquée
la cicatrice est fermée

Aujourd'hui, je me balade
et ne suis plus malade,
car j'ai enfin trouvé
ma personnalité.

Quelques semaines après sa mort, je fais ce rêve qui a imprégné mon esprit toute la journée. Je suis dans une cage d'escalier, il fait très sombre. Une petite fille se trouve dans ce lieu et je reviens la chercher. J'ouvre une grande et lourde porte qui se trouve devant moi. J'entre dans une grande pièce qui ressemble aux salles de réception des rois. Il y a des gens, mais un étonnant silence règne. Il semblerait qu'il soit lié au fait que je viens d'ouvrir la porte. Ce lieu est chargé de grandes richesses. Mes yeux se posent sur un homme assis aux côtés d'une petite fille qu'il entoure avec son bras de manière bienveillante. Il lève la tête et me regarde, l'air inquiet. C'est mon père ! Il a peur de ma réaction et semble craindre ma colère, car je reconnais l'enfant à ses côtés. (C'est ma fille ou bien moi, quand j'étais petite.) J'allais la chercher. Elle est auprès de lui et il l'enveloppe dans un geste protecteur. Un flot de joie surgit en moi et je lui tends tout à coup les bras.

— Oh ! Que je suis contente de te voir ! Tu es mon papa, je t'aime !

Les gens présents dans la salle se mettent à applaudir. Je reconnais certains membres de sa famille. (Ils sont curieusement décédés aussi…) La suite est un peu vague, mais je me souviens qu'il m'explique des choses liées à notre histoire et aux mécanismes de l'existence. Il a l'air en pleine forme et son handicap est inexistant. Il me parle normalement, comme un vrai père. Je suis très heureuse de le voir et je ressens une réelle affection pour lui. Une vraie petite fille qui dit un vrai « je t'aime » à son vrai papa, sans aucune ambiguïté ni sensation de danger.

Ce rêve m'a habité de longues heures, mes sentiments étaient confus. Je suis peut-être allée au pays des morts. Cette rencontre n'a pas échappé à ma mémoire pourtant souvent défaillante en matière de rêve. J'avais effectivement le sentiment de m'être approchée tout près de lui et qu'il était vraiment là. Je me sentais à la fois heureuse et triste. J'aurais tellement aimé connaître cette relation d'un père à sa fille comme dans le rêve. Mais à part dans mes rêves, ce manque ne se rattrapera jamais...

Écrire

Écrire est une œuvre de mémoire et de thérapie. Vider ma colère, ma rage ainsi que ma peine en remplissant des pages et des pages est un réflexe que j'ai depuis mon adolescence. J'ai tenu longtemps un journal intime découvrant rapidement l'intérêt de faire des phrases qui riment quand je suis prise d'une émotion envahissante. Je me donne l'impression que ce que je vis et ressens rime à quelque chose. C'est une écriture impulsive, inspirée la plupart du temps par la mélancolie. Je ne prétends pas faire de la poésie, j'écris rapidement. C'est une méthode qui me permet de connaître la délivrance. J'expulse mes maux avec des mots qui riment et me libèrent à chaque fois. En donnant du sens à mes souffrances, je crée une sorte d'alchimie psychique et le mal se transforme en bien. L'anagramme du verbe « écrire » est « écrier ». Je m'écris et je m'écrie. La langue française est fabuleuse. L'encre m'a servi d'ancre.

Tout me passionne à présent. Le terrain de mon esprit est fertile et j'évolue dans l'espace que je me crée petit à petit. Je m'exalte à présent de liberté. Il faut avoir été enfermé pour aimer la liberté à ce point et comprendre de quoi je parle quand j'évoque cette délivrance-là. Moi, c'est dans la prison du silence et de la culpabilité que je me suis laissé enfermer. Comme tellement d'autres victimes comme moi, auxquelles je pense et envers qui j'ai un total respect. Je les considère comme mes sœurs et frères de cœur.

J'avais huit ans quand mon père m'a séquestrée psychologiquement, trente-six ans quand j'ai enfin réussi à lui redonner, le boulet qui ne m'appartenait pas. Mon « moi » s'est alors intégré en moi. J'ai accouché de moi-même. Ce « moi » que j'avais du mal à rencontrer. Je l'avais croisé un jour à l'adolescence, alors que je riais avec une copine. Je me suis dit que c'était moi que j'avais attrapé. Il était volage et je n'arrivais pas à le saisir. Il est revenu me voir quand mon corps a accueilli l'enfant, mais c'est à cette occasion que mes troubles sont arrivés parce que je voyais la genèse de ma vie à travers ma fille.

Je me serais bien passé de revoir mon enfance, mais il fallait que je fasse connaissance avec mon être. Cette rencontre allait guider mes pas dans l'éducation que je donnerais à mon enfant chéri. Alors j'ai continué à m'intéresser à ma personne. J'ai fait des découvertes fabuleuses sur moi-même (moi m'aime) et finalement j'ai commencé à le trouver sympathique.

Apprendre à avoir de l'estime pour soi est un entraînement quotidien. S'aimer soi-même sans tomber dans l'orgueil et tout en restant humble, c'est avancer dans l'amour, cette force où la magie (l'âme agit) guérit tout, mais il fallait que je me débarrasse de certains éléments perturbateurs. Tout en gardant confiance en la vie, je savais que l'on ne peut pas s'aimer entièrement quand on a tout au fond des placards et tiroirs de sa mémoire, des affaires qui ne sont pas réglées. Certains événements nous rappellent qu'il serait vraiment grand temps de se pencher sur la question. C'est un peu comme si on se décidait à nettoyer une pièce de sa maison qui n'a jamais été entretenue. Il y avait des habitants dans cet endroit, ça fait maintenant longtemps, mais tout est resté en désordre. Il y a même des cadavres derrière la porte. Il faut beaucoup de courage pour faire du nettoyage mental. Certains éléments sont tellement dégoûtants que l'on préférerait parfois rester dans le déni et passer à côté sans intervenir, mais ça nous rattrape. Il y a toujours des odeurs qui remontent et finissent par envahir le quotidien. Même dans les pièces que l'on avait remises à neuf ainsi que celles que l'on a créées pour accueillir des amis aussi et surtout des enfants. La décision. C'est le moment de retrousser ses manches. On décide qu'il n'y a pas d'autre solution que de s'attaquer à cette pièce qui infecte toute la maison. Ranger chaque chose à sa place et nettoyer à fond sans oublier le moindre petit coin. Alors, c'est vrai, il faut du courage et ça demande beaucoup d'énergie. Le plus efficace de tous les fortifiants de la terre fut mes enfants.

L'amour que j'ai pour eux me donne de la force, même quand je suis à plat. C'est par ce sentiment immense que j'ai trouvé le meilleur chemin à explorer. Ils m'ont sauvé sans le savoir.

Aujourd'hui et grâce à la maturité, j'ai acquis davantage de confiance. Je suis habitée par une force que je ne soupçonnais pas. Ma timidité s'est un peu estompée, je suis moins craintive, plus ouverte au monde et aux autres. J'ai la rage de vivre au ventre, je me sens heureuse. Plus heureuse encore que ceux qui ont tout pour l'être et qui ne le voient pas. Ma vie est riche de valeurs essentielles (espoir, joie de vivre, amour), détachée du matériel.

Rien n'est statique dans la vie. Chaque seconde se manifeste par sa nouveauté et sa fraîcheur. Il n'existe ni début ni fin, il nous est possible de changer à chaque instant.

Anorexie, alcoolisme, autisme, toc, bien d'autres troubles encore, sont apparus sur mon chemin. Certains sont tenaces, mais j'en contrôle certains autres. Ils n'envahissent pas mon quotidien pour autant. Je sais d'où ils viennent et pourquoi ils sont là quand ils surgissent. Je ne lutte plus contre. Je les accueille et les accepte pour mieux les maîtriser.

En revanche, j'ai toujours eu la sensation de venir d'une autre planète. Je l'ai plutôt mal vécu dans mes jeunes années, mais aujourd'hui, j'apprécie qui je suis même si parfois, je me sens bien seule. Mon hypersensibilité est comme un cadeau. Je perçois des choses très subtiles sur mon environnement. J'arrive sonder les âmes. Je crois capter des ondes venues d'un autre monde. Quand je me revois enfant, ça me fait encore très mal. Je me demande comment on peut survivre à une telle solitude. L'état psychologique, dans lequel je me trouvais, a échappé à tous les adultes qui m'ont côtoyé. Comment est-ce possible que personne n'ait rien vu ? Ni ma mère, ni les enseignants, ni même le curé qui prêchait la bonne parole en nous parlant de l'amour de Dieu. Je n'ai jamais confessé au curé les péchés de mon père, mais j'ai par contre retenu l'existence de Dieu. Celui-là ne m'a jamais déçu. Il est amour absolu et liberté. J'arrive à ressentir son énergie notamment quand je danse. Les percussions m'appellent, je me mets pieds nus et je décolle du sol.

Quand Je danse
La musique s'empare de moi
Et Je danse
Je ne me peux retenir
Quand Je danse
C'est vraiment plus fort que moi
Et Je danse
On ne peut plus rien me dire

Mon corps est l'instrument
De l'esprit de la joie
Je ne fais pas semblant
Il est vraiment en moi

C'est l'absolue liberté
Qui veut communiquer
Au moyen de mon corps
Qui en demande encore

Je ne suis plus accessible
Tout mon être est en transe
Certaines forces invisibles
Me possèdent quand je danse

Y' a plus rien qui m'affecte
Pas même le regard des autres
Car je me déconnecte
Et ne suis plus des vôtres

Arrivée à la fin de mes écrits, l'impression d'être dans un entonnoir. Tourbillonnant de plus en plus vite. Mon livre va atterrir ailleurs et d'autres yeux que les miens vont le parcourir. Je suis prête à me mettre à nu si c'est pour apporter un zeste d'espoir. J'ai même l'impression que je peux maintenant mourir parce que j'ai la sensation d'avoir accompli quelque chose. Paradoxe, quand tu nous tiens ! Âgée aujourd'hui de cinquante et un ans. Mes enfants sont presque tous adultes et je suis grand-mère six fois. Je vis seule avec Jasmine, qui aura bientôt dix-huit ans.

Mon fils Tony

Quand je regarde en arrière
J'ai une image de toi
On dirait que c'était hier
Tu trottais dans ton youpala.

Tu étais un bébé sage,
Je t'appelais mon petit bouddha,
mais tu as passé l'âge
Et maintenant tu t'en vas.

Toi, mon seul fils
Je te vois qui glisse
D'entre mes mains
Pour faire ton chemin.

Je sais que tu voulais partir
Tu n'arrêtais pas de le dire
Tu as été rapide
Alors, ça laisse un vide.

Ça me fait un mal de chien
De voir que tu t'en vas
Mais j'veux pas que mon chagrin
Retienne tes pas.

La vie t'appelle ailleurs
Vers d'autres bonheurs
Tu vois que j'en pleure
Ça te fait mal au cœur.

Ne t'inquiète pas pour moi
Je vais m'y habituer
Tu ne m'appartiens pas
je dois bien l'accepter.

Mes enfants ne sont pas à moi
c'est l'heure, tu t'en vas
Toi-même tu l'as dit
Que veux-tu c'est la vie.

Je savais bien qu'il serait dur
Le moment de la coupure
J'ai le cordon ombilical
Qui me fait un peu mal.

Pourvu que tu sois
heureux maintenant que
tu es deux et même
bientôt trois
Tu vas être papa.

Je sais que j'ai beaucoup de
chance d'avoir un fils comme toi
et je te fais confiance
tu feras les bons choix.

Tu ne seras jamais loin,
car nous sommes très liés
et la force de ce lien
c'est pour l'éternité.

Je suis rassurée par rapport à ma relation avec Rose. Devenue mère à son tour, elle me demande souvent des conseils pour élever ses enfants. Cela veut dire qu'elle considère que je suis une bonne référence. C'est mon plus beau retour.

Ma fille Rose

Tu vas bientôt accoucher
Et devenir maman
je suis vraiment touchée
Devant ton enfant.

Mon rôle de mamie
Va beaucoup me combler
Et malgré les soucis
Je me sens passionnée.

Tu vas devoir pousser
Je serai là pour t'aider
C'est donc émerveillée
Que je le crie au monde entier.

J'en ai déjà des contractions
parce qu'il y a des connexions
je sens que j'ai pour mission
tout un devoir de transmission.

Je n'en reviens toujours pas
que tu sois si proche de moi
Ça n'a pas toujours été le cas
quand je repense à autrefois.

Alors je pleure un peu
Ce n'est pas du chagrin
Mais tout cela m'émeut
Et puis, tu es loin.

Le temps est passé vite
Je regarde en arrière
Toi ma belle Marguerite
Tu m'as appris à être mère.

Même si tu me manques
Je ne m'inquiète pas
Même si je te manque
J'ai confiance en toi.

Ma fille, tu es une femme
avec une très belle âme
on a posé les armes
et séché toutes larmes.

Voilà qu'on se comprend
maintenant que tu es
maman et cet amour que
l'on ressent va me nourrir
en vieillissant.

Je crie victoire quand je vois que mes enfants sont très proches de moi et entre eux. Nous sommes une famille unie. La lutte que j'ai menée, pour leur apporter un équilibre à travers toutes les tempêtes de la vie, semble avoir été efficace. Il me reste à supporter l'adolescence de Jasmine qui n'est pas un âge avec lequel je suis à l'aise, mais, j'ai été formée à bonne école avec mes deux grands…

Ma fille Jasmine

J'habite seule avec ma fille,
On est bien toutes les
deux quand nos yeux
pétillent au coin du feu.

La cheminée de mon foyer
luit toujours de mille feux
Pour mieux la réchauffer
Et la garder encore un peu.

Elle est comme une fée
Avec les ailes un peu fragiles
Son cœur pur sait aimer
Dans un esprit tranquille.

Je sais qu'elle ira s'envoler
Vers sa destinée
Alors je la garde encore un peu
au creux de moi si Dieu le veut.

Pas fini de tout transmettre
Les secrets de la vie et de l'être
si je peux me le permettre
encore un peu lui faire connaître.

Avant qu'elle ne s'envole
Laissez-moi faire mon rôle
Lui éviter les drames
En lui donnant des armes.

Et sans la posséder
Juste pour l'aimer
Mon Dieu laissez la moi
Encore un peu au creux de moi.

Remerciements

J'adresse mes sincères remerciements à Fanny et Patricia.

Imprimé en Allemagne
Achevé d'imprimer en mai 2023
Dépôt légal : mai 2023

Pour

Le Lys Bleu Éditions
40, rue du Louvre
75001 Paris

www.ingramcontent.com/pod-product-compliance
Lightning Source LLC
LaVergne TN
LVHW090926150826
845672LV00006B/1406

* 9 7 9 1 0 3 7 7 9 2 4 0 2 *